O SER E O HUMANO
A CONEXÃO NECESSÁRIA

LUIZ FELIPE ORMONDE

O ser e o humano
A conexão necessária

Um modelo de excelência de ser para o cotidiano de vida

DIRETOR EDITORIAL:
Marcelo C. Araújo

EDITORES:
Avelino Grassi
Márcio F. dos Anjos

COORDENAÇÃO EDITORIAL:
Ana Lúcia de Castro Leite

REVISÃO:
Leila Cristina Dinis Fernandes

DIAGRAMAÇÃO:
Simone Godoy

CAPA:
Tamara Pereira Souza

© Idéias & Letras, 2008

Editora Idéias & Letras
Rua Pe. Claro Monteiro, 342 – Centro
12570-000 Aparecida-SP
Tel. (12) 3104-2000 – Fax (12) 3104-2036
Televendas: 0800 16 00 04
vendas@ideiaseletras.com.br
www.ideiaseletras.com.br

Dados Internacionais de Catalogação na Publicação (CIP)
(Câmara Brasileira do Livro, SP, Brasil)

Ormonde, Luiz Felipe
O ser e o humano. A conexão necessária: um modelo de excelência
de ser para o cotidiano de vida / Luiz Felipe Ormonde.
- Aparecida, SP: Idéias & Letras, 2008.

ISBN 978-85-7698-017-9

1. Autoconsciência 2. Consciência 3. Consciência - Aspectos psicológicos
4. Emoções - Aspectos psicológicos 5. Espírito e corpo
6. Qualidade de vida I. Título.

08-08840   CDD-153

Índices para catálogo sistemático:
1. Consciência: Processos mentais: Psicologia 153

Sumário

Prefácio – 7
Nota do autor – 9

Capítulo um
O primeiro contato – 13

Capítulo dois
O processo da vida e da consciência – 19

Capítulo três
A percepção do que limita e dificulta – 43

Capítulo quatro
O trabalho no nível físico – 75

Capítulo cinco
O trabalho no nível emocional
O propósito de vida – 101

Capítulo seis
**O trabalho no nível emocional
O processo de percepção
e construção da realidade – 127**

Capítulo sete
**O trabalho no nível mental
O desenvolvimento
de novas possibilidades – 159**

Capítulo oito
**O trabalho no nível mental
A capacidade de atenção e presença – 189**

Capítulo nove
**As fases e características
do processo da consciência – 209**

Capítulo dez
A efetiva capacidade de contribuição – 243

Capítulo Onze
Uma visão de síntese – 263

Prefácio

Quando os seres humanos entram no caminho de desenvolvimento espiritual, costumam ficar mais no desbravar desse caminho.

Alguns deles, embora isto ainda seja um pouco raro, procuram transmitir para outros o que eles realizaram, sobretudo quando a trilha foi coroada de sucesso.

Alguns mais raros ainda preparam outras pessoas ensinando-lhes a trilhar esse caminho. Este é o caso do meu amigo Luiz Felipe Ormonde, que chegou a um momento de poder transmitir toda uma experiência de vida.

Em vez de fazê-lo neste livro dirigindo-se diretamente ao leitor, resolveu poupá-lo do risco de passar por momentos de desânimo ou desinteresse pela leitura. Para isso, ele nos apresenta dois simpáticos jornalistas, Matheus e Joana, que ao entrevistarem o Professor Pedro, vão aprendendo e praticando ao mesmo tempo seus ensinamentos, reagindo a eles no plano corporal, emocional, mental e espiritual.

A excepcional experiência de vida de Luiz Felipe Ormonde lhe permitiu realizar tal obra com especial maestria.

Com efeito, iniciou seu próprio processo desde seus tempos de faculdade, quando começou a praticar hatha-yoga. A partir de então, vem seguindo e ampliando este processo por meio de outras técnicas e exercícios, como a alimentação vegetariana, o trabalho intenso sobre o corpo físico utilizando as corridas e as caminhadas, o relaxamento e a meditação, assim como o estudo que pôde realizar em várias áreas, que foram compondo um modelo de vida que é apresentado no livro.

Além de sua grande experiência adquirida na vivência deste caminho de iniciação a si mesmo, vem também se acrescentar uma longa convivência de mais de quinze anos na Unipaz, onde atuou como Pró-Reitor e atua como facilitador do Seminário de Excelência Humana.

Como reitor dessa Universidade, posso testemunhar o quanto esse seminário e seu trabalho têm despertado um entusiasmo e uma profunda influência que ele exerce sobre a transformação espiritual dos participantes da Formação Holística de Base nos vários campus da Unipaz, tanto no Brasil, como também em outros países da América Latina.

Por todos esses motivos, tenho a certeza do interesse que este livro irá despertar, destinado não somente aos que se interessam por seu desenvolvimento espiritual, mas também para o público em geral, ávido de compreender a grande transformação espiritual que se desenrola debaixo da deterioração de nossa civilização.

Pierre Weil
Reitor da Universidade Holística Internacional de Brasília-Unipaz

Nota do autor

Resolvi escrever esta nota para poder comentar alguns pontos que considero importantes em relação a este livro.

Primeiramente, quero colocar que o livro em si é uma obra de ficção, no que se refere a seus personagens, ao local e à forma como seu conteúdo é apresentado e desenvolvido, não existindo, portanto, nenhuma correlação com quaisquer pessoas ou lugares reais.

Optei por escrever dessa forma por achar que seu conteúdo, que representa efetivamente a razão do que quis transmitir, pudesse ficar mais fácil e interessante de poder ser entendido por quem o lesse, em função da dinâmica e das situações criadas ao longo do livro.

Embora como tenha dito acima seja uma história fictícia, quero deixar claro que todas as opiniões e conceitos transmitidos pelo Professor, que é a figura central do livro, constituem em seu conjunto princípios e elementos que considero realmente importantes e fundamentais no caminho da consciência de si mesmo. Isto inclui todos os fundamentos, as técnicas, os exercícios e suas respectivas descrições, as teorias e descobertas científicas, como também os princípios iniciáticos e espirituais que são apresentados por meio dele.

Da mesma forma e com o mesmo nível de importância, está o modelo de vida e consciência que o Professor também apresenta. Trata-se de um modelo que utilizei e pratiquei durante muitos anos, e que se constituiu e ainda se constitui num eixo referencial da minha vida durante este tempo. Todos os elementos e componentes que constituem o modelo me foram transmitidos e ensinados por algumas pessoas que atuaram como meus mentores e orientadores. Em especial por um ser humano muito importante que pude reencontrar ao longo deste caminho, e que atuou e ainda atua como mestre pessoal, representando uma referência humana de muitas das possibilidades que poderemos alcançar também. A todos eles sou muito grato, como também àqueles com quem compartilhei minha vida, experiências e percepções, e que de uma maneira ou de outra me apoiaram e me estimularam a chegar até aqui.

Como são muitas as coisas que ainda necessito aprender, desenvolver e superar neste caminho, na medida em que as vou conscientizando, busco continuamente modificar e aperfeiçoar o modelo, para que possa refletir as novas formas e possibilidades que vou percebendo.

O propósito principal que me motivou a escrever este livro foi o de poder apresentar e partilhar este modelo de vida. Simplesmente para poder criar a possibilidade de que outras pessoas possam também utilizá-lo em seu próprio caminho e processo de consciência, obviamente se sentirem que lhes poderá servir ou ser útil em sua totalidade ou somente em algumas de suas partes ou componentes.

O que coloquei por meio da história e dos personagens criados é a minha própria visão e compreensão dos elementos que compõem o modelo. Evidentemente não pretendi esgotá-los, e nem poderia, nem apresentá-los num nível de profundidade muito grande, já que isto não estaria associado à própria proposta do livro.

Certamente outras pessoas terão uma visão ou uma compreensão mais ampla ou distinta de vários dos pontos incluídos e abordados aqui, e poderão não concordar ou achar que algumas coisas talvez pudessem ser ditas de outra forma ou com outra perspectiva. Já de antemão aceito plenamente isto, porque é algo inevitável e relacionado a qualquer trabalho ou obra que alguém crie ou apresente para os demais.

Luiz Felipe Ormonde
Brasília – Brasil

1

O primeiro contato

Custei a encontrar uma vaga para estacionar meu carro. Parei há quase dois quarteirões da livraria para onde me dirigia. Ia participar do lançamento de um livro escrito por um sociólogo e espiritualista. Chamava-se Pedro Pontes ou apenas Professor Pedro, que era o nome como mais popularmente era conhecido tanto por seus alunos, como pelas pessoas que participavam dos grupos que ele mesmo conduzia há vários anos. O evento estava ocorrendo na parte dos fundos de uma destas livrarias modernas. Era uma área bem ampla, com vários ambientes de estar, compostos de pequenas poltronas e cadeiras bem confortáveis. Havia também um pequeno café, onde eram servidos salgados e doces, e uma área de projeção com uma grande tela plana de cristal líquido, com toda a infra-estrutura necessária.

Sempre desfrutei muito de poder estar numa livraria, e gostei, por isso mesmo, que nosso encontro acontecesse ali. Sentia-me muito bem no meio de tantos livros. Era como se eles representassem inúmeras possibilidades desconhecidas, disponíveis para quem quisesse descobri-las e aventurar-se nelas. Isto me fascinava.

Havia muita gente. Alguns conversavam de pé, outros estavam sentados comendo ou bebendo algo, certamente esperando sua vez para que o Professor autografasse o livro. Uma longa fila estava formada. Podia vê-lo sentado entre várias pessoas e os livros, pacientemente conversando um instante com cada um que se aproximava na fila, escrevendo então uma pequena dedicatória. Já devia estar ali há algum tempo, mas não aparentava cansaço. Imaginei como era grande o esforço a ser feito para cumprir com todo esse ritual, embora ele já devesse estar acostumado a isso, pois já havia escrito e publicado outros livros. Mas parece que este provocou uma repercussão maior, possivelmente pela expectativa que foi criada, pois o Professor já estava trabalhando nele há alguns anos.

Sentei-me numa das cadeiras, pois ainda teria de aguardar algum tempo. Somente iria conversar com o Professor, conforme havíamos combinado, quando terminasse o evento. Havíamos contatado o Professor com o objetivo de realizar uma entrevista sobre seu trabalho, que era algo que nossa revista, muito conceituada e respeitada na área de desenvolvimento humano e espiritual, já tentava conseguir a um bom tempo. A razão de estar aqui, que havia sido uma solicitação dele mesmo, era para podermos conversar sobre isso. Enquanto esperava, comprei seu livro e fiquei folheando alguns trechos aqui e ali. Lembro-me bem de duas frases que ficaram gravadas em minha memória e que diziam que o verdadeiro propósito do ser humano é revelar seu imenso potencial interior e que é fundamental a superação dos padrões e crenças limitantes.

Quando percebi que a fila havia começado a diminuir, encaminhei-me para ela e esperei que chegasse a minha vez.

— Professor — falei —, eu sou o Matheus.

— Muito prazer — respondeu ele —, cumprimentando-me e olhando-me com um grande sorriso.

— Já estamos terminando — colocou o Professor —, tomando meu livro e escrevendo uma dedicatória. Vieram bem mais pessoas do que esperávamos e por isso demoramos um pouco mais.

Assim que recebeu a última pessoa que conversou um pouco com ele, levantou-se falando rapidamente com os membros da equipe organizadora e caminhou em minha direção. Sentamo-nos em duas poltronas próximas. Quando novamente nos cumprimentamos, fui tocado imediatamente por sua firmeza. Ele era um homem alto, aparentando uns setenta e poucos anos, com cabelos grisalhos e um sorriso e um ar bem joviais. Quando chegou mais perto, pude perceber de uma forma melhor seus olhos que irradiavam uma suavidade, não podendo também deixar de sentir a tranqüilidade que transmitia.

— Se o senhor estiver muito cansado — falei —, podemos adiar nossa conversa para outro dia.

– De forma alguma – respondeu ele. – Pedi que você viesse até aqui, pois neste momento já estamos mais ou menos no clima do nosso assunto.

Conversamos por quase uma hora. Fomos interrompidos apenas por uma pessoa da equipe que nos trouxe um pequeno lanche. Eu estava um pouco preocupado com ele, embora estivesse tranqüilo, bem acomodado e centrado o tempo todo. Percebi claramente por suas colocações que evitava fazer entrevistas. Queria fugir de certa forma da superficialidade e da possibilidade de entendimentos errôneos ou equivocados que alguns profissionais ou revistas davam às vezes a esses assuntos. Mas depois de explicar muito bem o que pretendíamos, como também pelo fato de ele conhecer algumas pessoas da direção de nossa revista, acabou concordando. Mas colocou uma condição.

– E que condição seria esta, Professor? – perguntei com todo o cuidado e atenção.

– É algo muito simples, mas que considero realmente importante.

A condição que o Professor colocou era que os jornalistas que fossem realizar a entrevista convivessem com ele pelo menos por uns dez dias, para poderem ter melhores condições de entender e perceber seu trabalho, tanto em relação aos conceitos e princípios em que se fundamentava, como pela possibilidade de poderem vivenciar eles mesmos os elementos e os instrumentos que o compunham.

Do próprio lugar onde estávamos sentados, liguei para meu chefe, enquanto o Professor retornava a seu lugar anterior, e expliquei-lhe o que havíamos conversado. Na mesma hora aceitou a condição colocada pelo Professor. O trabalho das entrevistas e das gravações seria feito por mim e por Joana, minha colega na revista. Já havíamos feito alguns trabalhos antes, e nosso chefe nos escolheu desta vez porque acreditava que nossas percepções e abordagens se complementavam e poderiam facilitar a elaboração do texto e do material que iríamos produzir. Voltei ao Professor para deixar tudo acertado e combinado. As entrevistas seriam feitas em seu chalé, onde ele estaria trabalhando no projeto e início da elaboração de um novo livro. Ficava numa pequena cidade localizada numa região serrana, mais ou menos próxima de onde estávamos. Explicou-me com detalhes como chegar até lá, fazendo inclusive um pequeno mapa que incluía a localização de seu chalé. Combinamos de começar os trabalhos exatamente numa semana a contar do dia em que estávamos.

– Bem Professor – falei. – Acho que está tudo acertado. Se for necessário algo mais ou qualquer outro esclarecimento, voltarei a chamá-lo.

– Com toda a certeza – respondeu ele. – Terei um prazer muito grande em receber vocês. E levem agasalhos, pois o clima nesta época do ano costuma ser bem frio.

Despedimo-nos bastante animados. Via um entusiasmo muito genuíno no Professor. Ao sair, abri o livro para ler a dedicatória feita por ele. Havia escrito que esperava que o conteúdo do livro pudesse inspirar-me na percepção de novas possibilidades de viver minha própria vida. Certamente, pensei, esta dedicatória havia sido feita também para outras pessoas, mas mesmo assim eu a senti como se fosse uma mensagem escrita exclusivamente para mim. Ela havia-me tocado de alguma forma, embora neste momento eu não pudesse entender muito bem o porquê disso.

Retornei ao meu carro e voltei à revista. Tínhamos um grande trabalho, Joana e eu, de organização e preparação de tudo o que seria necessário para nossa entrevista com o Professor.

2
O processo da vida e da consciência

Fazia cerca de uma hora que estávamos subindo pela estrada. Uma típica estrada de terra de uma região serrana, ladeada por uma vegetação muito intensa, com uma variedade enorme de tons de verde, pincelada aqui e ali por cores como o amarelo, laranja, violeta e branco, de diferentes tipos de flores e arbustos. A estrada era bem estreita, sem acostamento e com muitas curvas acentuadas. Por sorte não havia muito tráfego por ela. Havíamos cruzado com poucos carros até agora.

Eu dirigia devagar e com o vidro aberto, apesar da temperatura fria. Desfrutava da paisagem e do incrível contraste de todo esse verde com o céu muito azul, deliciando-me também com os diferentes aromas e com o frescor do ar que entravam pela janela.

Numa parte mais larga da estrada na qual havia um pequeno estacionamento, paramos uns instantes para apreciar a vista. Finalmente havia chegado o dia de começarmos nosso trabalho com o Professor. Durante a semana anterior, Joana e eu havíamos planejado e organizado com muito cuidado este trabalho que iríamos realizar juntos. Nunca ao longo da nossa vida profissional tínhamos dedicado tanto tempo a uma entrevista, nem também havíamos feito um trabalho da forma como faríamos agora, pois iríamos passar cerca de dez dias com o Professor em seu chalé nestas montanhas, em função da condição colocada por ele mesmo.

– Falta muito para chegarmos? – perguntou Joana.

– Creio que menos de meia hora – respondi.

– Olhe – comentou Joana –, já estou vendo algumas casas. Devemos estar chegando.

E era verdade. Não demorou muito e estávamos na rua principal. Era uma cidade pequena, com uma aparência bem calorosa. Algumas lojas de doces, um pequeno supermercado e uma padaria, lojas de roupas de lã e gente agasalhada e risonha caminhando pelas ruas. Já fazia algum tempo que não visitava uma cidade serrana. Tive até a sensação de que estava de férias.

– Aquele deve ser o café colonial que o Professor nos colocou como referência de sua rua – falou Joana.

Virei à direita e comecei a subir lentamente uma ladeira. O carro estava pesado com nossos equipamentos e malas. Havíamos trazido máquinas fotográficas e equipamentos para filmagem, que eram a especialidade de Joana. Pretendíamos produzir além da matéria para a revista, um DVD que seria vendido juntamente. Buscávamos desta maneira apresentar de uma forma mais adequada os conceitos que o professor nos iria colocar.

Chegamos ao alto da ladeira e, quase que imediatamente, avistamos à direita, atrás de uma cerca de pinheirinhos, o chalé do Professor.

O portão encontrava-se aberto, certamente porque nos esperava. Entrei lentamente e estacionei o carro na garagem ao lado do utilitário do Professor.

Na frente do chalé e circundando a casa pelos dois lados, havia um gramado e vários canteiros muito bem cuidados. Pequenos caminhos de pedras cortavam o gramado em diferentes direções, facilitando o caminhar. Havia também alguns pinheiros e, debaixo do maior deles, alguns bancos na sombra. Ao descermos do carro vimos o Professor que caminhava em nossa direção.

– Muito bem-vindos – falou ele. – Fizeram boa viagem?

– Fizemos sim, Professor – respondi. – Desfrutamos bastante da beleza do caminho.

– Quero apresentar-lhe Joana – falei, – minha colega. Estaremos juntos no trabalho que vamos realizar.

– Muito prazer – respondeu ele cumprimentando-nos. – Fico satisfeito que estejam aqui.

– Mas vamos entrar – falou em seguida.

Chamou por alguém para que viesse ajudar-nos com a bagagem. Era seu caseiro, que nos foi apresentado. Chamava-se seu Paulo, e como o Professor ele também tinha aquele ar de calma e tranquilidade.

Entramos na casa pela varanda, mas mesmo já começando a anoitecer pude perceber a vista magnífica que existia dali de cima. Toda a região e paisagem estavam cheias de pinheiros e eucaliptos. Era uma imensa área de reflorestamento. Podíamos ver longe daquela altura. As montanhas no fundo se juntavam ao céu de um forte azul com várias nuvens brancas muito nítidas e intensas. Víamos também uma parte da rua principal da cidade e várias das casas que nela se situavam, assim como outras que ficavam em ruas próximas ao chalé do Professor. Todas eram rodeadas por muitas árvores e arbustos floridos e tinham projetos semelhantes, nos quais se destacava o uso da madeira e de diferentes tipos de pedra. Apesar de não me sentir cansado, tive uma grande vontade de simplesmente sentar ali e ficar apreciando todo esse visual. Farei isso em algum outro momento, pensei comigo.

– Puxa, Professor! – não se conteve Joana. Que casa aconchegante. Parece muito com a casa de minha avó onde passei muitos anos da minha infância e juventude.

Eu também concordava com ela. Duas paredes estavam revestidas com madeira clara, outra era de alvenaria branca e uma de pedra, onde estava a lareira. Duas grandes janelas nos descortinavam diferentes cenários. Havia um aroma no ar que eu percebia como uma mistura de resina, de cheiro de flores, e um pouco do maravilhoso aroma de comida caseira.

Levamos nossas bagagens e material para nossos quartos. Após nos acomodarmos e retornarmos à sala, fomos recebidos com uma mesa repleta de diferentes comidas. Era digna de uma primeira foto. Recordei-me de outro ponto que o Professor havia colocado. Iríamos experimentar uma alimentação vegetariana durante os dias em que estaríamos com ele. Joana não se havia preocupado muito com isso, pois ela mesma comia carne muito esporadicamente. Mas eu, confesso, estava meio preocupado. Nunca havia ficado sem comer carne e tinha receio de não agüentar.

Mas naquele momento, com o tempo frio, já quase no final da tarde e depois da viagem, o que via naquela mesa aguçava todo o meu apetite e minha vontade de comer.

Havia pão integral, alguns tipos de queijos, bolos, geléias, chocolate quente e diferentes chás. Tudo muito bem colocado e arrumado pela esposa do caseiro, dona Marta, uma senhora de avental branco que se movia com uma leveza que quase parecia flutuar. Era ela quem cozinhava e cuidava da casa.

Sentamo-nos e, durante um bom tempo, comemos e conversamos sobre diversas coisas. Começava a sentir um pouco o cansaço daquele dia, resultado tanto da viagem como da expectativa por chegar e começar nosso trabalho. Percebia o mesmo em Joana.

— Professor, como o senhor pensa que poderemos realizar nossa entrevista? — perguntou ela.

— Minha intenção, ao convidar vocês para ficarem aqui neste período — falou ele —, deve-se a dois fatores principais. Primeiramente, como já havia conversado com o Matheus, criar um ambiente adequado para facilitar a compreensão dos fundamentos e princípios que orientam tanto o trabalho que realizo, como a minha própria vida. E, em segundo lugar, permitir que vocês pudessem experimentar com a tranqüilidade e o tempo necessários um pouco de outro estilo de viver relacionado a eles. Acredito que desta forma poderão melhor compreender e escrever sobre o que iremos conversar.

— E como o senhor sugere que comecemos? — perguntei.

— Seguindo este estilo de vida de que lhes falei — respondeu o Professor. — Começaremos cedo com uma pequena atividade física pela manhã, depois realizaremos uma prática de trabalho sobre a energia antes do almoço e, por fim, um exercício de silêncio interior ao anoitecer. Nos intervalos, teremos bastante tempo para as conversas e as gravações. À medida que eu for apresentando meus pontos de vista, vocês certamente poderão entender melhor a importância dessas atividades. E perceberão também como se relacionam e se complementam para facilitar que vivamos nossa vida com outro nível de qualidade e consciência.

— Que lhes parece?

— Bom, Professor — respondi. — Não havia imaginado que seria assim, mas já que estamos aqui não vejo por que não fazermos dessa forma. Estou disposto.

— Eu também digo o mesmo — respondeu Joana. — É uma experiência nova, e em função de como estou vivendo minha vida atualmente sinto que poderá servir como estímulo para uma série de mudanças que quero realizar e não sei bem como.

— Muito bem. — Então neste caso sugiro que descansemos. Vocês tiveram um dia mais cheio e necessitam recuperar-se. Voltaremos a nos encontrar amanhã às seis horas. De acordo?

— Combinado, Professor. Boa noite então — colocou Joana.

— Boa noite — respondemos os dois quase que ao mesmo tempo.

Quando acordei no dia seguinte ainda estava escuro. Havia dormido como há muito tempo não o fazia. Fiquei alguns instantes mais na cama, pois estava muito convidativa. Não sentia preguiça, ao contrário, tinha uma disposição grande de começar esse dia. Levantei-me e preparei-me para iniciar a jornada. Ao sair do quarto, ouvi as vozes do Professor e de Joana que conversavam. Pela forma e animação que transmitiam, dei-me conta de que não era somente eu quem me sentia disposto.

— Bom dia, Professor — coloquei. — Bom dia, Joana.

— Bom dia. — Responderam ambos.

— Como passou a noite? — Perguntou-me o Professor.

— Muito bem. — E acordei com muita vontade de começar nossos trabalhos.

– Pois então vamos lá.

Estávamos os três na varanda que ficava virada para o pôr-do-sol, mas mesmo assim já podia vislumbrar em várias partes do céu as primeiras tonalidades alaranjadas do amanhecer. Fazia frio, mas não demasiado. Havia tantos aromas diferentes no ar e tantos sons de pássaros que fiquei absorto por alguns instantes. Dei-me conta de como perdemos uma enorme parte do espetáculo diário da natureza ao vivermos confinados em grandes cidades, o tempo todo absorvidos em nossos horários, rotinas e compromissos.

O Professor explicou-nos sucintamente os exercícios e movimentos que iríamos realizar. Enfatizou que não nos preocupássemos em fazer nada perfeito. Era apenas uma primeira vez. Devíamos somente procurar seguir seus movimentos que sempre procurou explicar brevemente no início. Ressaltou também a importância de estarmos atentos a eles, evitando deixar a mente dispersa ou ocupada com outras coisas.

Pude perceber, à medida que os realizávamos, como atuavam em todas as partes do corpo, dos pés à cabeça. Ele os praticava com uma facilidade que parecia que quase não fazia esforço algum. O mesmo não podia dizer de mim. Embora tivesse trinta e dois anos, não estava muito acostumado a um trabalho regular com meu corpo. Joana, que era mais nova, parecia ter mais facilidade em realizá-los.

Quando terminamos, sentamo-nos no chão sobre algumas almofadas, com os olhos fechados e acompanhando a respiração. Meu corpo estava mais quente e senti um grande prazer no contraste das temperaturas. A sensação era muito especial, o que facilitava a percepção dos sons e de tudo o que acontecia ao meu redor.

Abrimos os olhos e com uma espécie de cuidado maior e de uma forma relaxada, ficamos olhando um tempo a paisagem que nos cercava. Sentia-me muito vivo. Comecei a vislumbrar o que o Professor nos havia colocado, relacionado à necessidade de experimentarmos com ele seu próprio estilo de vida.

Levantamo-nos devagar e combinamos de nos encontrar em quarenta minutos para o desjejum, para que depois pudéssemos então iniciar os trabalhos.

Eram aproximadamente dez horas quando começamos. Sentia-me aquecido e bem alimentado depois do que havia comido, mas um pouco ansioso. O Professor havia sugerido que nos sentássemos na varanda. Havia várias cadeiras de vime com confortáveis almofadas. Estávamos muito bem acomodados. Joana já havia instalado todo o equipamento para as gravações.

— Como sugestão para tornar mais fácil o que vamos vivenciar — disse o Professor —, acho que talvez seja melhor que eu fale sobre os pontos e os conceitos que gostaria de abordar, e vocês, à medida que eu os for apresentando, poderão fazer as perguntas e os comentários que acharem pertinentes.

Certamente concordamos com a sugestão do Professor.

— Quero deixar bem claro antes de começarmos — continuou ele — que tudo o que iremos conversar e compartilhar representa apenas minha própria experiência e maneira de ver e viver a vida, obviamente desenvolvida ao longo de vários anos e como resultado da contribuição e também da experiência que recebi de várias outras pessoas.

— E por onde o senhor começará? — perguntei.

— Pelo conceito do processo da vida e da consciência.

— E o que representa este conceito, Professor? — perguntou Joana, quase que de imediato.

— A vida em sua essência — disse ele — é um processo contínuo de aperfeiçoamento e desenvolvimento dos seres vivos, de uma forma crescente em complexidade, estrutura e sofisticação. Cada ser vivo tem uma capacidade de perceber e de lidar de uma forma diferenciada e peculiar, com sua realidade exterior. E é também capaz de reagir, com base em seus próprios instintos, registros e experiências, aos impulsos e estímulos que lhe chegam do mundo exterior por meio de seus sentidos. O que difere um ser vivo do outro é justamente esta possibilidade de percepção e resposta, que depende essencialmente do próprio cérebro e de sua capacidade de armazenar e recuperar informações, de associá-las entre si e de interpretá-las. Essas capacidades, no que se refere a um ser humano, além de lhe criar condições de interagir com a realidade que o cerca, também lhe permitem responder de uma maneira cada vez menos condicionada e instintiva aos estímulos recebidos, podendo gerar respostas novas e criativas às situações que está vivendo. A possibilidade dessas respostas é que lhe dará condições de desenvolver uma consciência cada vez maior de si mesmo, pela constante percepção do que até então não era consciente.

– Professor – falou Joana –, os animais também têm a possibilidade de responder dessa forma?

– Nos animais, Joana, essa resposta está diretamente relacionada ao seu mecanismo instintivo. Obviamente ela poderá ser aprimorada, nos animais que convivem com os seres humanos, por um mecanismo de aprendizado e de condicionamento. Mas efetivamente o que eles poderão experimentar e vivenciar necessariamente está associado a seus sentidos e instintos. Eles se comportam e atuam com um alto senso de situação e sabem instintivamente como reagir, mas sempre dentro de certos limites.

– E para continuar com essa resposta, quero fazer uma pergunta a vocês. – Com base no que coloquei antes, qual seria a diferença da consciência de qualquer animal em relação à consciência de um ser humano?

– Seria a capacidade de pensar? – falou Joana.

— Ou a de raciocinar? — respondi eu.

— Com toda a certeza está relacionada a ambas — colocou o Professor —, mas essencialmente se refere à capacidade da autoconsciência ou da consciência de si mesmo. É ela que nos permite ter a sensação de alguém que está vivendo, experimentando, refletindo e tomando decisões. É ela que nos permite saber que temos uma história, um passado e possibilidades futuras. Que nos cria o medo da morte e do desconhecido, bem como a vontade de viver. É ela que nos faz estar preocupados com a própria imagem e aparência e de termos necessidades de reconhecimento e de estima. Que nos permite também questionar o que estamos vivendo e que sejamos capazes de mudar regras e situações. É ela que nos dá possibilidade de fazermos escolhas conscientes e que nos impulsiona a uma busca de sentido e valor naquilo que estamos vivendo e experimentando. E, em última instância, é quem nos gera a necessidade, embora muitas vezes inconsciente, de uma percepção e expressão cada vez maior do imenso potencial presente e latente em nossa natureza. Nossa autoconsciência nos permite organizar em torno de um referencial os aprendizados que vamos obtendo por meio de nossas experiências, de forma a podermos utilizá-los em futuras associações e respostas.

— O senhor poderia explicar melhor — colocou Joana — este conceito de um potencial latente?

— Quando falo desse potencial — colocou o Professor —, estou referindo-me ao princípio inteligente, divino e criativo que sustenta, mantém e dá vida a todo o universo, e que está como que embutido e oculto na energia e na matéria. Sua necessidade primordial, se podemos expressar-nos assim, é que nos tornemos plenamente conscientes de sua presença. O que significa que no fundo é a própria vida que tem essa necessidade, já que somos uma criação dela mesma. Em função disso, este princípio passou a expressar esta necessidade e vontade sob forma de um impulso de evolução e expansão, estimulando e propiciando o desenvolvimento de inúmeras formas de vida cada vez mais complexas e aperfeiçoadas. Mas foi somente por meio do ser humano que esta possibilidade de percepção começou efetivamente a acontecer. Por isso se diz que o ser humano, de certa forma, é uma espécie de resposta a esta necessidade da vida, pois por meio dele este impulso interior encontrou um meio efetivo para esta percepção. Isto significa que somos capazes de uma autoconsciência crescente e efetiva deste potencial, assim como de sua revelação e manifestação. Este potencial incorpora e inclui inúmeras habilidades e capacidades, tipos de sentimentos e profundos estados de ser, como o sentimento da paz verdadeira e da alegria de viver e de ser. Quanto maior for sua percepção e expressão, maior será a consciência de um ser humano e a sua compreensão das próprias capacidades e possibilidades. Da mesma forma, maior será também a qualidade, a categoria, a motivação, o engajamento e a responsabilidade com que ele vive sua própria vida e como contribui para a vida dos demais.

– E como este processo de autoconsciência aconteceu? – perguntei.

– Em algum momento ao longo do nosso caminho evolutivo e certamente alicerçado no desenvolvimento do cérebro, incorporamos esta nova capacidade associada ao pensar e raciocinar. Isto representou um salto e uma conquista evolutiva sem precedentes. Passamos a ter acesso ao âmbito da mente, no qual os processos criativos e criadores se iniciam. Adquirimos a possibilidade de atuar como co-criadores da própria vida e como co-criadores da realidade. Antes vivíamos numa espécie de paraíso, no Jardim do Éden, como o chamamos, num nível abaixo do da consciência individual e da capacidade mental, com total confiança em relação à vida e ao Universo, mas inconscientes do que realmente éramos. É como a velha história do ser feliz e não saber que se era. Este novo estado de consciência representado pelo fruto da árvore do conhecimento do bem e do mal tornou-nos pensadores, dotados de capacidade de reflexão. Mas esta nova capacidade nos interditou o acesso ao Jardim, e a experimentamos como uma espécie de aflição desconhecida, como uma assustadora obstrução ao reino divino. Esta foi a nossa expulsão do paraíso. Ao comermos desse fruto, perdemos o estado anterior de união e de segurança. Passamos a não ter mais acesso à parte da nossa memória relacionada à nossa verdadeira origem, caindo numa espécie de sono profundo em relação ao que verdadeiramente somos. Este processo, que está inerentemente associado à evolução do ser humano, é o que aparece sob forma de diferentes narrativas relacionadas à expulsão do paraíso.

– Esta expulsão – colocou Joana – refere-se somente a um processo ou a uma etapa que ocorreu no desenvolvimento dos seres humanos, ou está também relacionada ao nosso próprio desenvolvimento?

– A chamada expulsão – falou o Professor –, que está associada à perda do estado de confiança e de segurança originais, acontece e se repete na vida de cada um de nós. Está relacionada ao momento em que perdemos nossa inocência. A partir daí passamos a nos perceber como sendo separados e distintos, tanto dos nossos pais ou daqueles que nos criaram, como das demais pessoas. E certamente neste momento perdemos a sensação de segurança e proteção que experimentávamos.

– E que conseqüências resultaram dessa expulsão? – perguntei.

– Com a perda desse estado de união conhecido como a queda, estabeleceu-se uma divisão, uma separação ou fragmentação. Neste ponto começa efetivamente nossa grande epopéia e existência como seres humanos. Esta queda gerou a ilusão de estarmos separados de Deus, embora o tempo todo seja Ele quem olha por meio dos nossos olhos e caminha com os nossos pés. E isto se tornou uma espécie de crença primordial, que foi o que nos levou a substituir a consciência da ligação anterior, embora ainda uma consciência grupal, bem como o sentimento de amor incondicional que experimentávamos, por um sentido de separação, julgamentos constantes, e por um amor sujeito a uma série de condições. Mas em cada um de nós seres humanos uma lembrança dessa união ficou como que registrada no mais profundo de nossas naturezas. E se converteu numa aspiração, num desejo, mais ou menos consciente em cada um, de um retorno e de um reencontro.

Esta necessidade que podemos chamar de necessidade de SER passa a ser a aspiração mais profunda de cada um. É ela quem nos impulsiona a vivenciar o caminho de retorno, que necessariamente deve ser vivido e construído neste mundo. Mas acho importante ressaltar que o homem caído não é fruto de um erro ou de um equívoco, mas o próprio verbo ou princípio divino que se fez carne, que tomou forma e que está momentaneamente esquecido de si mesmo e de sua verdadeira origem e estirpe. Somos seres divinos e imortais, momentaneamente vivendo como seres humanos, sentindo-nos limitados e impotentes até que desenvolvamos a consciência do que efetivamente somos.

– O senhor está dizendo-nos que todas essas coisas foram necessárias? Que é como se fossem parte de um processo maior de crescimento? – perguntou Joana.

– Exatamente isso – respondeu o Professor. – Este esquecimento na realidade foi a chave de todo esse processo. Pois gerou a necessidade de contemplarmos a realidade que nos cercava e de nos reconhecermos nela e por meio dela, já que passou a ser nosso âmbito ou universo de vida e atuação. O resgate da unidade, por meio do processo da consciência do que verdadeiramente somos, deverá ser alcançado e vivido neste mundo da diversidade, da dualidade, da polaridade e da oposição. Aprendemos uns com os outros por meio dos erros e das diferenças e, por isso, não podemos ser perfeitos, porque se assim fosse não haveria a possibilidade de aprendizado. Fomos levados e obrigados a pôr o foco no mundo de fora, aprendendo a lidar com a própria sobrevivência e manutenção, buscando melhores condições de vida, conforto e segurança. No estado anterior de ligação natural com a vida, ela nos provinha e alimentava com tudo o que necessitávamos, mas agora temos de conseguir isto por meio do esforço que fizermos e com o suor, os calos e as lágrimas do nosso próprio corpo. E por termos feito e vivido isso, foi possível expressar nosso potencial latente por meio de todo um processo criativo, e construímos o mundo que temos hoje, com toda a sua tecnologia, seus recursos e conflitos.

O Professor fez uma pequena pausa, observando os rostos sérios e as expressões compenetradas que certamente tínhamos, e nos disse:

— Neste início, prefiro que comecemos devagar. Para que vocês tenham tempo de poder acompanhar o que estou colocando e de poderem assimilar melhor esses conceitos, pois eles são básicos, em termos de tudo o que iremos conversar. Sugiro que façamos uma parada agora para podermos realizar uma pequena prática e mudar um pouco nossa energia.

Concordamos com um gesto de cabeça e combinamos de nos encontrar na varanda, após uma rápida ducha, para uma prática de hatha-yoga.

Quando mais tarde chegamos à varanda, o local já estava arrumado. As cadeiras haviam sido afastadas e havia um colchonete para cada um de nós. O Professor estava sentado e tinha em seu rosto uma expressão tanto de alegria como de compenetração, que muitas vezes depois pude identificar nele.

Explicou-nos coisas básicas. Lembro bem de haver ressaltado que não nos preocupássemos em fazer as posições como ele estaria fazendo, nem que forçássemos nosso corpo além de nossos limites. Colocou-nos que o Yoga é um sistema de vida, e que o que iríamos praticar naquele momento eram apenas algumas posturas ou posições de corpo que iriam atuar sobre nossas glândulas endócrinas, propiciando todo um conjunto de benefícios. E como elas estão relacionadas aos nossos centros energéticos, aos nossos chacras, como ele nos falou, estariam também ativando novas energias em distintos níveis.

Fizemos a prática em silêncio e com tranqüilidade, inspirados por uma música muito suave que entrava no ambiente e que eu não identificava de onde provinha. As posturas que praticamos, segundo o que o Professor nos explicou, eram simples, mas mesmo assim senti um pouco de dificuldade em poder fazer algumas delas.

Ao final realizamos um exercício de relaxamento, que foi realmente algo muito agradável para mim. Lembro de ter observado o rosto de Joana quando terminamos e de ter notado uma expressão e uma suavidade que não havia visto antes.

O curioso foi que ela também falou o mesmo de mim.

Entramos na casa onde o almoço já estava servido e comemos conversando coisas simples, como se ele fosse uma continuação natural da prática que havíamos realizado.

Quase nem me dei conta de que a comida era vegetariana, pela riqueza e sabor dos pratos que comemos preparados com muito esmero e carinho por dona Marta.

O Professor sugeriu que descansássemos um pouco. Combinamos com ele que durante a tarde preferíamos dedicar-nos a ouvir o material gravado, para podermos fixar bem os conceitos que ele nos havia passado, bem como para rever nossas anotações, identificando questões ou pontos não totalmente claros para nós. Recomeçaríamos a entrevista somente no outro dia pela manhã.

Obviamente ele aceitou. E fomos todos repousar um pouco.

Mais ou menos às três horas da tarde, Joana e eu voltamos a nos encontrar. Preferimos sentar-nos nos bancos debaixo do enorme pinheiro próximo à varanda da casa. Soprava uma brisa suave e ligeiramente fria, mas muito agradável. A paisagem dali era muito especial. Fiquei um instante apreciando tudo. Sentia alguns aromas doces que identifiquei como sendo de algumas árvores muito floridas localizadas um pouco mais abaixo do patamar onde estávamos. Depois descobri que eram árvores de assa-peixe, muito famosas pelo mel especial e saboroso produzido a partir de suas flores. Uma sensação de bem-estar me envolveu e pensei sobre quando havia sido a última vez que me senti assim.

Joana despertou-me de minhas divagações chamando-me para começarmos nosso trabalho. Ficamos por um longo tempo revendo as gravações que fizemos, compartilhando nossas anotações e o entendimento que tivemos de tudo o que ouvimos.

– Matheus – falou Joana, interrompendo as reflexões e leituras que estávamos fazendo –, como você resumiria de uma maneira bem objetiva o que o Professor nos colocou?

Fiquei pensativo uns instantes procurando convocar minha capacidade de síntese que sempre identifiquei como um de meus pontos fortes.

— Eu entendi que em todos os seres existe um potencial. Como se fosse um tesouro oculto. E a vida de certa forma espera que possamos percebê-lo. E parece que por meio do ser humano é que esta possibilidade de percepção realmente começou a ocorrer. Por meio do processo que o Professor chamou de autoconsciência.

— E o que você entendeu sobre esse processo da autoconsciência? — tornou a perguntar Joana.

— Pelo que entendi — falei — foi o que nos permitiu ter uma percepção de tudo o que nos acontece no mundo exterior e, ao mesmo tempo, ter também uma consciência de nós mesmos, de quem somos, de como estamos, de nossa situação e das condições e possibilidades futuras de nossa vida.

— Mas parece que tivemos de pagar um preço por essa possibilidade — falou ela. Para que ela pudesse ocorrer foi necessária uma separação, um corte, de um estado natural de satisfação, de segurança e de ligação com a vida. Que foi o que nos levou a viver e atuar por nossa própria conta e de uma maneira mais independente.

— Que é o que ocorre quando em algum momento de nossa vida temos de nos desligar de nossos pais e famílias para começarmos uma etapa mais nossa, mais individual — coloquei. — O que nem sempre é fácil e pode gerar medos e inseguranças. E essa separação foi o que gerou em nós a ilusão de que perdemos para sempre o acesso a esse estado.

— Mas também — continuou Joana — nos criou a possibilidade de podermos responder ao que vivemos e ao que a vida nos apresenta de maneiras novas e criativas.

— Acho que é isto — respondi. — E ao agirmos assim fomos percebendo nosso potencial e o expressando, o que nos levou a sair de um estilo de vida primitivo, nômade e errante, e a realizar e construir este mundo que temos hoje.

— Fiquei bem sensibilizada — disse Joana — ao perceber que ficamos com uma espécie de sensação, de recordação deste estado original, que é o que nos provoca um estímulo e até mesmo uma ânsia de retorno.

— Que o Professor chamou de necessidade de SER — completei. — Que de alguma forma precisará ser realizada e vivida por meio da nossa vida humana, pois é justamente em nossa vida que teremos todas as condições para satisfazer essa necessidade. Só não sabemos ainda como vivenciar e tornar real essa possibilidade.

— Vamos esperar para ver como o Professor vai explicar-nos isso — colocou Joana, com um ar mais distante e olhando para longe.

Estava anoitecendo e o ar havia ficado um pouco mais frio. As cores e as nuances do céu eram muito especiais. Ficamos ali sentados em silêncio, meio que absorvidos pela paisagem. Joana parecia estar num outro lugar pela expressão que tinha em seu rosto.

Percebi um ruído de caminhar atrás de nós e, ao me virar, dei conta de que era dona Marta, que com um sorriso genuíno nos chamava para o jantar.

Entramos em seguida e nos sentamos com o Professor. Havia uma sopa, um caldo-verde com um aroma bastante convidativo, e vários tipos de pães, manteiga e queijos. Comemos e conversamos sobre várias coisas ligadas ao local e à paisagem.

Depois nos sentamos na sala e continuamos nossa conversa. Cada um compartilhou um pouco sobre coisas e situações de sua própria vida. Ficamos assim um bom tempo, até que de uma forma natural nos despedimos e fomos todos descansar.

3

A percepção do que limita e dificulta

Acordei um pouco antes de o despertador tocar. Levantei-me e preparei-me para a prática com o Professor, que nos recebeu com um bom-dia caloroso. Explicou-nos novamente alguns pontos, sugerindo que procurássemos observar como ele fazia os exercícios antes de iniciarmos sua repetição.

Ao começar os movimentos, notei que meu corpo estava ligeiramente doído em alguns lugares. Certamente resultado de algum tempo sem nenhuma atividade física. Joana, como no dia anterior, parecia estar bem à vontade na realização dos exercícios.

Ao terminar nos sentamos, e, apesar de o Professor haver sugerido que ficássemos um pouco com os olhos fechados, não pude resistir à tentação de ficar apreciando tudo o que via e ouvia ao meu redor. Era como se a vida estivesse mais viva. Mas o que mais me encantava, como sempre, eram os contrastes. O contraste dos primeiros raios do sol que apareciam com a noite que se ia, dos sons dos pássaros com uma sensação de silêncio que parecia permear tudo e do calor do meu corpo com a temperatura mais fria.

Desta vez ficamos mais tempo neste espaço de percepção.

Levantamo-nos seguindo o movimento do Professor e fomos preparar-nos para o desjejum.

Havia várias coisas, mas preferi comer coalhada, que gostava muito, com mel, mamão e um pouco de granola.

Estávamos ansiosos para recomeçar o trabalho, e Joana logo em seguida levantou-se para preparar o material.

Como na véspera ficamos novamente na varanda. Era realmente um lugar muito apropriado e que permitia usos múltiplos. O Professor sugeriu que fizéssemos uns minutos de silêncio e de respiração um pouco mais ritmada e profunda antes de recomeçarmos. E assim fizemos.

— Professor — colocou Joana —, ouvindo e revendo o que o senhor nos colocou, fiquei pensando sobre alguns pontos, pois são conceitos novos para nós, e me deu vontade de começar com uma pergunta. Como o senhor resumiria o sentido e o verdadeiro propósito da vida humana?

O Professor olhou-a por uns instantes e disse:

– Veja bem Joana, tomando como referência o que lhes falei ontem, eu diria que o verdadeiro sentido da vida de cada um de nós é o de nos conscientizarmos de nossa verdadeira natureza, daquilo que realmente somos. O que significa tomar consciência da presença imanente em nós, nosso ser verdadeiro, e o revelarmos e manifestarmos em nossa existência, expressando todo este potencial interior por meio da nossa própria vida e pela maneira especial e singular de cada um ser. Quando ouvimos dizer que o verbo se fez carne, podemos entender esta afirmação como sendo a humanização do divino. O que nos cabe agora é realizar o caminho inverso, que é o caminho de evolução, vivenciando a divinização do humano, que no fundo é o que está implícito na afirmação que tantas vezes ouvimos relacionada a trazer o reino dos céus à terra.

– Esta seria a forma de saciar aquela ânsia e necessidade de retorno ao estado perdido de ligação original que o senhor nos colocou? – perguntei.

– Exatamente Matheus – respondeu o Professor. – É essencialmente isso. Na realidade, este estado nunca se desfez, nunca ficou perdido. Esta é a ilusão que se criou e que durante anos foi alimentada em nós. O que perdemos foi a ligação natural e inconsciente que tínhamos, e o que nos cabe agora é reconquistá-la de forma consciente. Isto significa criar o caminho de retorno à terra santa, ao paraíso original, ao estado de unidade anterior, o que só poderemos construir e alcançar por meio do processo de consciência de nós mesmos. Usando o mesmo simbolismo que empreguei antes, seria passar a estar no paraíso, mas com plena consciência de que estamos nele.

— E como isto poderá ser feito? — perguntei novamente.

— Isto é o que iremos ver e abordar ao longo desses dias. Na realidade, trata-se de um processo que se vai realizando e que vai sendo construído pouco a pouco. Sempre que formos capazes de responder de uma maneira nova e criativa aos estímulos recebidos, o que significa não viver e atuar de uma maneira mecânica e instintiva, estaremos percebendo algo do que na realidade somos e, ao mesmo tempo, reconstruindo esta ligação. Isto se faz e é possível de ser feito a todo instante, e as experiências do nosso dia-a-dia e a qualidade como as vivemos constituem-se no mecanismo básico para isso. Da mesma forma como necessitamos de um espelho para podermos ver o próprio rosto, também necessitaremos de espelhos ou referências externas que são nossas experiências de vida, para que possamos perceber e manifestar esse potencial. Elas funcionam como uma espécie de pano de fundo, referencial ou contraste, para que possamos projetar neles o que estava oculto ou inconsciente. E assim transformar o que é conceito, potencial e conhecimento implícito, em efetiva consciência e sabedoria. Por isso, necessitamos tanto desses contrastes, polaridades e alternativas características deste mundo, pois é por meio delas que iremos realizar escolhas, viver as experiências que necessitamos e nos revelarmos a nós mesmos.

— Parece simples? — falou o Professor.

— Demasiadamente — respondeu Joana, com um ar assim meio incrédulo.

— Se pudéssemos criar uma espécie de conexão ou ligação mais constante com nosso ser imanente, este processo estaria realizando-se mais freqüentemente e estaríamos a todo instante percebendo e revelando algo novo. Seria como abrir uma enorme arca cheia de tesouros e objetos desconhecidos e ir tirando, conhecendo e utilizando cada um deles. Quando essa conexão ocorre, estabelece-se um fluxo de revelação e expressão, e como conseqüência nos sentimos vivos, com disposição, inspirados, energizados, motivados e com mais capacidade de perceber e entender o sentido da própria vida. Quando se interrompe por mais tempo, ficamos desanimados, perdemos ou não encontramos um significado para a vida e para as situações que ela nos apresenta, e não ampliamos a consciência de nós mesmos.

— Nossa capacidade de ser e o desenvolvimento de uma identidade verdadeira fundamentada no que efetivamente somos — acrescentou o Professor — virão da habilidade de podermos estabelecer e manter essa conexão, que está intrinsecamente relacionada à forma, à qualidade, à energia e à capacidade de presença com que vivemos nossas experiências.

— Professor — perguntou Joana —, que fatores ou características poderiam estar dificultando ou impedindo a criação e manutenção deste fluxo?

— Como lhes disse antes — respondeu ele —, vivemos um processo de ruptura do estado anterior de unidade semiconsciente e passamos a ter a possibilidade de nascer neste mundo como seres individuais e independentes. Em função deste novo estado perdemos os referenciais que tínhamos, o que nos gerou a sensação de abandono e de falta de identidade, e como conseqüência um sentimento de um enorme vazio interno, um vazio de ser. Como é muito difícil convivermos com esse vazio, foi necessário buscar algo para preenchê-lo, assim como para desenvolver uma nova identidade e referencial no qual nos apoiarmos, e para isto nos serviu nosso ego. Efetivamente falando, ele deveria funcionar apenas como uma espécie de instrumento, para que pudéssemos manifestar-nos e viver como um ser físico numa estrutura de tempo e espaço. Mas acabou estimulando-nos a buscar a solução para esse vazio e dilemas, direcionando nossos impulsos internos para coisas relacionadas ao mundo exterior, para o mundo que nos cerca.

— Por isso — continuou o Professor —, temos procurado satisfazer esta necessidade por meio de nossas conquistas no mundo, por meio do que temos e do que fazemos, e pelas respostas, pelos reconhecimentos e comportamentos dos demais em relação a nós. Todo esse processo foi fundamental e uma decorrência quase que natural da nossa nova condição como seres individuais, ou seja, um resultado da própria condição do existir humano. Mas embora tudo isso tenha sido muito importante e necessário, pois foi o que nos levou a conquistar e a construir o mundo que temos hoje, não poderemos preencher esse vazio, nem chegar ao desenvolvimento de uma identidade verdadeira desse modo. Quando percebermos que não iremos encontrar no mundo um sentido já pronto para a vida, só nos restará construí-lo a cada instante com base em nós mesmos. Com toda a certeza, isto só ocorrerá quando esta busca constante por símbolos externos começar a perder seu sentido. Pois enquanto estivermos demasiadamente ocupados com ela, como também ocupados em manter o que alcançamos, estaremos numa espécie de sono ou de hipnose, substituindo a cada instante o contato verdadeiro consigo mesmo pela necessidade de novas conquistas e realizações, que vão como que prorrogando e perpetuando esta forma de viver, que interrompe ou bloqueia nossa conexão interior e o fluxo de expressão de nosso ser.

 – Professor – falei –, isto não poderia dar uma idéia de que querer ter coisas e buscar nossa realização no mundo seriam atitudes equivocadas?

— Certamente que não, Matheus — respondeu ele. — Com toda a certeza essa busca é importante e necessária tanto no nível coletivo como individual. A questão não é a de ter ou não ter coisas, ou de buscar alcançar ou não nossa realização e conquistas no mundo exterior. O que necessitamos é ir além da identidade que obtemos com elas e por meio delas. Pois acabamos gerando um apego à identidade criada desta forma, ficando o tempo todo preocupados em mantê-la, impedindo assim o desenvolvimento de nossa identidade verdadeira.

— Se observarmos a experiência e o tipo de vida de distintos países e regiões — acrescentou o Professor —, perceberemos que no Oriente a ênfase sempre foi muito maior na tentativa da religação interior em detrimento das conquistas externas. No Ocidente, como bem sabemos, o caminho foi o inverso. Mas nenhum dos dois resolveu por si só nossa condição humana, embora ambos tenham sido e sejam necessários.

— Mas o que mudou atualmente, Professor? — perguntou Joana.

— O que mudou foi que esses caminhos e as formas e fórmulas que viemos utilizando atingiram um ponto de desequilíbrio muito grande. Isto gerou como conseqüência natural e importante uma necessidade de mudanças em alguns aspectos e atitudes diante da vida, que vêm ocorrendo tanto em nível individual como coletivo, manifestando-se especialmente como uma necessidade de reunião e de síntese. O Ocidente, há vários anos, vem recebendo como uma espécie de legado todo um conjunto de conhecimentos, técnicas e princípios de vida relacionados a diversas tradições do Oriente. E ao mesmo tempo os países orientais vêm utilizando outros princípios, métodos e processos que de há muito pautam a economia e a cultura ocidental. Mas embora esta conjugação ou combinação de culturas e influências esteja ocorrendo, a síntese mais importante e fundamental é a que cada um de nós como seres humanos necessita realizar em si mesmo.

— Acho que todas essas coisas que o senhor está colocando são importantes — falou Joana — e até mesmo essenciais para a vida do ser humano em seu aspecto mais elevado. Mas ao mesmo tempo fico com a sensação de que isto é meio utópico. Em função do tipo de vida e dos desafios que enfrentamos atualmente no mundo, como a violência, os desequilíbrios ambientais de todos os tipos, as dificuldades da sobrevivência material e o esgotamento e as tensões a que somos submetidos.

— Como é que vivendo desta maneira conseguiremos realizar o que o senhor propõe? — continuou ela. — Não teríamos de dedicar nossa vida ou consagrá-la a esse processo, como várias pessoas fazem desde há muito tempo?

— Joana — respondeu o Professor com muita tranqüilidade —, certamente que a solução relacionada à dedicação a um caminho religioso ainda pode ser válida para algumas pessoas. Mas não é a solução para todos os seres humanos. O que nos cabe, especialmente nestes tempos atuais como você coloca, é encontrar e viver um novo modo e estilo de vida, em que seja possível atender a todas as demandas e necessidades da vida humana em seus vários aspectos e sentidos, e ao mesmo tempo criar condições para que o fluxo de conscientização e expressão do nosso próprio potencial se estabeleça e se mantenha. Quando estamos atentos e efetivamente envolvidos e presentes no que estamos vivendo e realizando, criamos uma possibilidade maior para que isso aconteça, por meio da conexão que se estabelece com nosso ser verdadeiro. Sempre que ela ocorre, ampliamos nossa identidade verdadeira e nossa capacidade de ser, bem como o fluxo de manifestação desse potencial, como disse antes. É possível desenvolver esta habilidade vivendo nosso cotidiano como um processo contínuo e constante de treinamento e exercício sobre si mesmo. Por um lado, superando o que nos limita, dificulta e até mesmo impede que estabeleçamos esse contato e esse fluxo, e, por outro, estimulando e desenvolvendo o que poderá facilitá-lo e favorecê-lo. Para isso será necessário conhecer e utilizar uma forma, um método, um modelo, por meio do qual poderemos realizar esse trabalho em nosso dia-a-dia.

– E o senhor vai falar-nos sobre este modelo, Professor? – perguntei.

– Vamos fazer isto – respondeu ele. – Começaremos compreendendo o que nos dificulta e por que dificulta. E depois apresentarei um método de trabalho que inclui mecanismos para facilitar a superação e modificação dos aspectos limitantes, como também para permitir o desenvolvimento de elementos que favorecerão nossa conexão interior.

– E quais seriam, para facilitar a estruturação de nossa entrevista, estes fatores que dificultam? – perguntou Joana.

– Eu os reuniria em três categorias distintas. Os fatores e as conseqüências relacionadas ao processo da fragmentação interior; a influência dos padrões e das crenças limitantes; e a baixa qualidade com que estamos vivendo as experiências de nossa vida.

– O que o senhor nos pode falar sobre as conseqüências associadas ao processo da fragmentação? – perguntou novamente Joana.

– Como vimos antes, todos desenvolvemos uma ânsia de conquistas e de realizações externas em busca de uma identidade pessoal. Como a identidade obtida desta forma é vulnerável, por estar atrelada ao que acontece no mundo exterior, ao que é impermanente, ela faz com que estejamos sempre à mercê dos eventos da vida, o que nos gera uma enorme insegurança.

– Neste processo de conquistas que estamos vivendo – continuou o Professor – competimos o tempo todo com os demais. Competimos por todas as coisas que acreditamos que nos poderão trazer segurança e um sentido de preenchimento interior, como renome, sucesso, amigos, poder pessoal, atenção e reconhecimento. Baseados na falsa crença de que certamente não haverá para todos. Além disso, tememos tudo aquilo que pode representar uma ameaça ao que já foi conquistado. Pois como utilizamos essas conquistas para obtermos nosso sentido de identidade pessoal, qualquer ameaça que apareça está no fundo atingindo a nós mesmos. Tememos perder o emprego, os insucessos, as críticas e o desconhecido, pelos riscos e perigos que eles podem conter. Tememos as incertezas, por não saber se conseguiremos ou não conquistar aquilo que queremos. Tememos as mudanças, pois nos podem afetar de muitas maneiras e, por isso, resistimos tanto a elas. Sentimos medos e inseguranças em relação ao futuro, constantemente preocupados com o que nos poderá acontecer.

– E tudo isso está provocando-nos um nível de tensão muito grande, não Professor? – perguntei.

– Exatamente – respondeu ele. – Desenvolvemos um estilo tenso de viver que acabou transformando-se numa coisa quase que normal. Esta tensão está tão inerente em nossa forma de vida atual que nem mais somos capazes de percebê-la. Nem sequer a notamos, nem nos chama mais a atenção. Mas ela está sempre presente. E com o passar do tempo começa a nos afetar. Afeta nossos pensamentos, nossas emoções e nosso comportamento. Tendemos a errar mais. Nossas percepções e capacidade de resposta e de assimilação se enfraquecem, diminuindo nossa paciência e aumentando na proporção inversa nossa hostilidade e forma agressiva de ser, fazendo com que também às vezes possamos sentir-nos deprimidos.

– E certamente todas essas coisas serão a causa de doenças e desequilíbrios – agregou Joana.

– Com toda a certeza. Todos esses medos e a tensão que eles provocam acabarão manifestando-se em nosso corpo de várias maneiras, dependendo de cada um. Poderemos sentir dores de todos os tipos, insônias, alergias, gastrites e úlceras, como também várias outras formas de manifestação. Tudo isto acontece porque nossos corpos respondem às ameaças e situações psicológicas relacionadas ao nosso dia-a-dia, da mesma forma que faria se estivéssemos diante de uma ameaça física. Todo um conjunto de reações comandadas pelo hipotálamo e pela glândula pituitária ocorre em nosso corpo. Nosso metabolismo é alterado para liberarmos mais energia para a ação, e em função disso enfraquecemos nosso sistema imunológico, e o corpo passa a ficar vulnerável às doenças. Nestes momentos, a pressão sangüínea sobe e o coração bate mais depressa para facilitar o transporte de diversas substâncias para os órgãos do corpo. E tudo isto acontece em questão de segundos, durante os quais nosso corpo se transforma significativamente, preparando-se para atender a exigências que, supostamente, são maiores do que nossa capacidade normal. Essa resposta é o que chamamos de estresse, que é altamente tóxica para o organismo. Se ela acontecesse apenas ocasionalmente, não haveria grandes problemas. Mas como praticamente vivemos e encontramos essas ameaças a todo instante, o corpo mal tem tempo de se recuperar de um desses alarmes antes que outro ocorra. E acabamos vivendo numa espécie de estado permanente de tensão, embora na maioria das vezes esta resposta não seja provocada pelas situações em si, mas pelo modo como as percebemos e interpretamos.

– O que significa exatamente isto? – perguntei.

– Isto significa – falou o Professor – que normalmente reagimos dessa forma quando achamos que algo pode ser uma ameaça ao que conseguimos, ao nosso bem-estar ou às nossas expectativas de como as coisas poderiam ou deveriam ser, independentemente de esta percepção ser ou não uma ameaça real. Como resultado dessas situações, nossa capacidade de responder de uma forma nova e criativa praticamente se torna inexistente, por estarmos amedrontados, inseguros e ameaçados. Nosso foco passa a estar essencialmente direcionado para a sobrevivência e para uma resposta às ameaças que se estão apresentando. Interrompemos ou bloqueamos o acesso ao nosso ser e não expressamos nosso potencial interior, nem ampliamos nossa consciência.

— Isto ficou claro para vocês? — perguntou o Professor.

— Acho que sim — respondi. — Percebi que além de todas as conseqüências que podemos sentir em nosso corpo e saúde, que são várias, este estilo tenso de viver como o senhor nos colocou acaba dificultando o que mais necessitamos, que é a manutenção da nossa conexão interior.

— Exatamente — falou o Professor, calando-se por uns instantes e olhando-nos mais detidamente.

— Acho que seria bom neste momento fazermos uma interrupção para nossa prática. E termos a oportunidade de vivenciar algo que nos poderá ajudar muito a lidar com essa tensão.

Concordamos os dois. E fomos todos nos preparar.

Quando chegamos de volta à varanda, o Professor já nos esperava. A música que tocava desta vez era de um piano, e tão suave e delicada que me gerava uma sensação e uma vontade de fazer cada gesto e movimento de uma forma muito consciente e devagar.

Sentamos bem lentamente nos colchonetes que ele havia colocado e ficamos alguns minutos simplesmente ouvindo a música. Percebi como pouco a pouco ia começando a sentir-me mais calmo e mais leve. Notei isto também em Joana. Era como se a música penetrasse bem dentro de mim e provocasse uma resposta de algo que já se encontrava ali. Quando a música terminou, o Professor sugeriu que praticássemos apenas um exercício de relaxamento, para podermos experimentá-lo melhor e ter mais condições de realizá-lo posteriormente. Explicou-nos com mais cuidado como deveríamos respirar e como mentalmente conduzi-lo. Basicamente se resumia em deitarmos de costas com os braços ao longo do corpo, as palmas das mãos viradas para cima e as pernas ligeiramente entreabertas. Em seguida, com os olhos fechados, inspirar lentamente e, ao exalar, levar nossa atenção para uma parte específica do corpo, começando pela ponta dos pés e subindo até a cabeça. Ao final, mover ligeiramente as mãos e os pés, esticar os braços e as pernas, virando de lado e sentando lentamente.

 Lembro-me de o Professor nos haver dito que, quando estamos relaxados, temos muito mais capacidade de atenção e presença, e por isso mesmo uma possibilidade efetiva de maior contato interior. O exercício de relaxamento neuromuscular precisa ser consciente, pois esta capacidade de consciência é o principal elemento na produção de seus efeitos, que irão aumentando à medida que o praticarmos com regularidade.

Como na véspera e talvez um pouco mais desta vez, percebi a diferença que aqueles vinte minutos produziam. Sentia-me realmente diferente. Estava revigorado e com uma nova disposição. Imaginava como o Professor deveria sentir-se por estar praticando há mais tempo.

Como o dia estava muito bonito, o Professor havia pedido à sua caseira que colocasse o almoço numa mesa ali mesmo na varanda. Enquanto ela arrumava tudo, ficamos ali sentados desfrutando de nós mesmos, de como nos sentíamos e da sensação de bem-estar que esse momento havia provocado em nós. Percebia que o Professor, embora aparentemente atento à conversa que mantinha com dona Marta, ocasionalmente nos olhava verificando como estávamos.

Almoçamos quase que em silêncio, sem que isto provocasse qualquer sentimento de constrangimento entre nós. Muito pelo contrário. Era como se houvéssemos combinado que seria assim.

Por volta das três horas tornamos a nos encontrar. Como o Professor estava sentado nos bancos sob os pinheiros, dirigimo-nos para lá. Joana logo instalou seus equipamentos e nos sentamos os três.
— Como vocês estão sentindo-se? – perguntou o Professor.

— Muito bem — respondemos ambos quase que de imediato.

— Nosso ritmo está satisfatório? Estamos indo bem? — tornou a perguntar ele.

— Muito bem — respondeu Joana. Acho que estamos acompanhando e entendendo o que o senhor nos tem colocado. E, se em algum momento não for assim, seguramente lhe diremos e insistiremos nas perguntas.

— Então vamos continuar. Coloquei para vocês quais seriam os fatores limitantes. Começamos falando sobre as conseqüências do processo da fragmentação e agora falaremos sobre a influência dos padrões e das crenças limitantes. Estas crenças e padrões a que me refiro são registros mentais que criamos como resultado de uma série de influências, informações e mensagens, recebidas ao longo de toda a nossa vida. À medida que vão repetindo-se, especialmente quando ocorrem associados a situações de maior impacto, criam impressões que, sem que saibamos, definem e influenciam nosso comportamento e respostas.

— O que o senhor quer dizer, Professor, quando se refere a situações de maior impacto? — perguntei.

— São impressões que recebemos associadas a medos, inseguranças e expectativas, vindas de pessoas que tinham uma maior ascendência sobre nós, como nossos pais, parentes ou professores, cujo efeito por conseqüência é bem grande sobre nós.

– Além disso – continuou o Professor –, originaram-se das influências culturais e educacionais que vivemos, relacionados à família, aos colégios, aos amigos, às cidades onde moramos, bem como às influências religiosas, da mídia e dos livros que lemos. Enfim, de muitas coisas.

– Pelo que estou entendendo, Professor – observou Joana –, isto é algo praticamente inevitável, que ocorre queiramos ou não, saibamos ou não.

– Exatamente – respondeu ele. – Quando nascemos, já temos a maioria dos neurônios de nosso cérebro, o que não temos são as ligações que eles irão estabelecer entre si. Ao longo de nossa vida, nosso cérebro e nossa mente absorvem o material e as informações provenientes de nossas experiências e vão organizando-as em padrões de pensamentos que nos permitem atribuir sentido e significado ao que estamos vivendo. À medida que esse processo vai sendo feito, iremos aprendendo e compreendendo o mundo que nos cerca, como também aprendendo e percebendo a nós mesmos. Nas etapas mais iniciais de nossa vida, esse processo é vivido intensamente, já que não possuímos nem formamos ainda uma quantidade significativa de padrões e de referenciais e, por isso mesmo, estamos menos sujeitos aos hábitos e às crenças restritivas. À medida que o aprendizado vai sendo feito e novas conexões vão estabelecendo-se entre nossos neurônios, desenvolvemos uma visão mais experiente do mundo e da vida. Passamos a ser mais influenciados pelos padrões de pensamento, tornando-nos desta forma cada vez menos abertos às novas experiências, aprendizagens e possibilidades. Cada capacidade que adquirimos e cada habilidade que desenvolvemos, assim como as impressões recebidas, estão plasmadas por assim dizer em nossos neurônios. Geram uma complexa teia ou rede de informações que são conjuntos chamados de circuitos neurais, que são a base de nossas percepções, lembranças, hábitos e comportamentos. A todo instante, em função do que estamos vivendo, eles podem alterar-se, ou à medida que vão sendo repetidos mais constantemente, vão fortalecendo-se e consolidando até se solidificarem. Este é o mecanismo que está por trás dos hábitos que desenvolvemos.

— O senhor nos disse, Professor — coloquei —, que as crenças e os padrões são fatores que podem limitar e dificultar nossa conexão interior. Como isto ocorre?

— Quando determinados comportamentos e procedimentos são utilizados freqüentemente, acabam dando origem como vimos a circuitos neurais que se consolidam e se solidificam criando nossos hábitos. Este é um processo importante. Desta forma criamos uma programação automática de como lidar com certas coisas ou atividades, como dirigir um automóvel, andar de bicicleta ou tocar um instrumento. A partir daí elas passam a necessitar de muito menos atenção e esforço pelo fato de já existirem caminhos no cérebro relacionados a elas, permitindo que economizemos nossa energia e a utilizemos para outros processos e experiências que exigem nossa atenção e presença. Mas da mesma forma que formamos hábitos relacionados a atividades físicas e, como conseqüência ligações consolidadas entre os neurônios, também formamos essas mesmas ligações com relação a atitudes e comportamentos mentais e emocionais. Sempre que determinados pensamentos e sentimentos ocorrerem de uma maneira repetida e mais costumeira, também estaremos criando e reforçando circuitos neurais associados a eles. Independentemente da fonte ou forma de criação desses circuitos, eles nos fazem ficar ou agir de modo inconsciente e automatizado. A partir daí, quando recebemos novos estímulos do mundo exterior, eles certamente irão cair em redes de associações estabelecidas desde há muito tempo. Passamos a não mais experimentar novas impressões, não porque as experiências que estamos vivendo não sejam novas, porque certamente serão, mas porque estarão produzindo os mesmos efeitos, respostas, reflexos e estados emocionais. Tornamo-nos assim repetitivos, previsíveis e mecânicos, pois estas crenças estarão limitando, influenciando e direcionando nossas percepções e, ao mesmo tempo, também se reforçando constantemente. Ao permanecermos nesse ciclo de repetitividade, vendo o mundo do modo como costumeiramente o temos visto, estaremos vivendo numa faixa limitada e estreita de possibilidades, não porque a vida seja assim, mas porque nossos padrões estarão criando isso. Os seres humanos possuem a prerrogativa de responder a qualquer estímulo recebido de formas novas e criativas, estímulo este que nos permite perceber e expressar o potencial latente em nossa natureza e adquirir consciência de quem verdadeiramente somos. Mas quando respondemos a esses estímulos desta forma habitual e mecânica, não estamos honrando nem utilizando nossa prerrogativa humana. Acabamos impedindo a conexão com nosso ser e a expressão de nosso potencial, pois como essas reações padronizadas são quase que imediatas, elas ocorrem antes que possamos dar qualquer resposta nova e criativa.

– Compreendeu, Matheus, como esses padrões e crenças estão limitando-nos? – perguntou o Professor.

– Acho que sim – respondi. – Às vezes não imaginamos quantas coisas estão ocorrendo em nós nem a complexidade de tudo isso. Fico até com a sensação de que não existem muitas possibilidades de saída.

– Mas elas certamente existem – colocou o Professor. – Mas para que sejam efetivas temos de compreender como atuam e, sobretudo, como utilizá-las e aplicá-las em nosso dia-a-dia.

– Professor – perguntou Joana –, continuando com os fatores que nos limitam, ficou faltando abordar ainda o que o senhor nos colocou referente à baixa qualidade com que estamos vivendo nossas experiências.

– Exatamente, é a última parte – respondeu ele.

— Na realidade, quando falei de uma baixa qualidade da vivência de nossas experiências estava referindo-me a algumas atitudes, deficiências, ausências e descuidos que, em seu conjunto, aumentam a fragmentação que experimentamos. O primeiro desses fatores refere-se a uma ausência de um propósito de vida.

— E o que seria, Professor? — perguntou Joana. — Uma espécie de meta ou missão que deveríamos ter na vida?

— Mais ou menos — respondeu ele. — Um propósito está diretamente relacionado a um estilo de viver, que nos pode proporcionar uma maior motivação e entusiasmo com o que estamos fazendo, facilitando a vivência de nosso cotidiano e preenchendo-nos com muita energia. Funciona também como uma espécie de referencial para podermos avaliar, tomar decisões sobre situações de nossa vida, e fazermos correções em nosso rumo, de modo a nos manter no caminho que escolhemos viver. Não se trata de forma alguma de uma tentativa de viver num futuro. Ele estabelece a direção, o norte, para evitar que fiquemos desnorteados na vida. Mas tudo o que fizermos relacionado à sua vivência e manifestação, deverá ser feito e vivido essencialmente no presente. Da mesma forma como caminhamos em direção ao norte, mas nunca chegamos nele, também caminhamos em direção ao nosso propósito, manifestando muitas coisas relacionadas a ele. Mas nenhuma dessas manifestações ou realizações, por mais grandiosas que possam ser, significam que o encerramos. Quando identificamos esse propósito e orientamos nossa vida em termos de sua vivência, podemos dar a elas uma nova compreensão e significado. Sabemos que quando um ser humano percebe o sentido do que está vivendo, torna-se muito mais fácil para ele poder aceitar, enfrentar e lidar com as experiências de sua vida. Mas a maioria ainda não identificou seu propósito. Quando muito, estabeleceram metas ou conquistas mais relacionadas ao plano material.

E os outros fatores, Professor? – perguntei.

– Dois deles estão essencialmente relacionados e são conseqüências da ausência de um propósito. Refiro-me aqui à baixa motivação com o que se vive e se faz e o pouco envolvimento e capacidade de atenção e presença em relação ao que está sendo vivido. E, por fim, o descuido e os desequilíbrios que muitos, se não a maioria, têm com seu físico, bem como com suas emoções e sua parte mental. Com relação a esta parte mental, estou referindo-me aqui muito mais a uma capacidade de foco e direcionamento da mente do que a um desenvolvimento intelectual.

– E o senhor vai falar-nos deles agora também? – perguntou Joana.

– Não, respondeu o Professor. – Ficará mais fácil abordá-los quando apresentar o modelo de trabalho e o exercício que poderemos utilizar em nosso cotidiano. Teremos a oportunidade de entender melhor o que eles podem causar-nos, bem como o que fazer para superá-los, que é o mais importante.

— Acho que por hoje já trabalhamos e avançamos bastante. Sugiro que realizemos um exercício de silêncio interior ou de meditação, como é mais conhecido. Ele está intrinsecamente relacionado ao desenvolvimento da capacidade de atenção e presença, que favorece em muito nossa conexão interior.
— Vamos realizá-lo aqui mesmo na varanda — disse o Professor. — Mas sugiro que após a ducha vocês usem alguma roupa mais quente, porque poderá esfriar um pouco.

Começamos a desmontar o equipamento e arrumar nossas coisas enquanto o Professor se dirigia para a varanda, possivelmente para arrumar e preparar o lugar.

Desta vez fui o primeiro a chegar. Deitei-me no colchonete esperando o Professor e Joana, pensando em algumas das coisas que ele nos havia colocado.
De certa forma, neste momento não via muito como seria possível modificar esse estilo de viver que praticamente todos tinham. Mas eu sentia uma confiança no Professor e percebia que aos poucos ela estava aumentando. Suas colocações eram bem coerentes e certamente alicerçadas em sua própria vida e experiência. Comecei

a perceber, pelo menos no que se referia a mim, que esta entrevista estava sendo bem mais do que uma mera atividade profissional. Em alguns momentos, especialmente durante nossas conversas, vinham à minha mente várias coisas e situações referentes à minha própria vida, que eu ia identificando e relacionando ao que o Professor dizia, e que começavam a me incomodar. Estava percebendo claramente alguns de meus limites e dificuldades e, principalmente, conscientizando-me da mecanicidade de como estava vivendo.

Vi que o Professor e Joana estavam chegando. Ela trazia um de seus livros e estava mostrando-lhe alguma coisa nele. Talvez algum ponto relacionado a algo que havíamos conversado.

Sentei-me no colchonete e esperei que chegassem. O Professor sentou-se lentamente e nos orientou para que também adotássemos esta posição. O exercício de meditação, diferentemente do de relaxamento, realiza-se sentado. Disse-nos que adotássemos uma postura cômoda, se possível com as pernas cruzadas, mantendo a coluna ereta, mas sem tensão ou esforço.

De uma maneira bem simples tudo o que precisávamos fazer era permitir que os pensamentos viessem, porque certamente viriam, procurando apenas deixar que eles se fossem, evitando segui-los ou dar atenção a eles. Parecia muito simples e achei que era até um pouco primário demais.

Para facilitar sugeriu que colocássemos nossa atenção no processo da respiração sem interferir com ela, apenas a observando. E quando nos distraíssemos respirar um pouco mais profundamente e voltar a observá-la.

— Professor — perguntou Joana —, qual é o benefício de praticarmos este exercício?

— São vários — respondeu ele —, mas basicamente é o de permitir que desenvolvamos uma capacidade de maior presença e atenção com o que estamos vivendo. Conseguiremos isto aprendendo a manter nossa mente mais focada, independentemente dos inúmeros pensamentos que a cada instante passam por ela. Quanto maior o foco, maior a presença e maior a possibilidade de evitarmos as respostas condicionadas e repetitivas. Da mesma forma será também maior a capacidade de conexão com nosso ser, e, portanto, teremos maiores possibilidades de consciência e de expressão de nosso potencial. Por meio deste exercício, estamos treinando e desenvolvendo esta habilidade de presença, para que depois possamos levá-la ao nosso cotidiano. Não se trata, portanto, de algo que vivenciamos somente neste período em que aqui estamos sentados. A cada exercício, esta habilidade irá aumentar gradativamente, dependendo obviamente de nossa dedicação e continuidade.

Acomodei-me melhor em minha posição e percebi que Joana e o Professor faziam o mesmo. Fechamos os olhos e começamos o exercício. Depois de um tempo, que me pareceu uma eternidade, o Professor pediu que respirássemos umas três vezes bem lentamente e que abríssemos os olhos devagar. De certa forma foi um alívio. Pude esticar minhas pernas que estavam dormentes e mudar de posição, pois minhas costas estavam incomodando-me muito.

Havia passado o exercício tentando não seguir meus pensamentos, como o Professor havia colocado, mas isto foi completamente em vão. Corri atrás deles o tempo todo, alternando a cada instante o que pensava. Como se o mero fato de fechar os olhos tivesse deflagrado um processo mais acelerado de pensamentos. E eu que pensei que seria uma coisa simples. Comentei isso com ele. Joana também disse que o mesmo havia acontecido mais ou menos com ela.

O Professor olhou-nos uns instantes com aquele ar de seriedade e entusiasmo e disse:

– É assim mesmo. Nossa mente é como se fosse um cavalo selvagem. Corre e se movimenta para onde ela quer. Pensamos que temos controle sobre ela, mas é ela quem nos domina e conduz o tempo todo. Quando sente qualquer ameaça a esta liberdade, reage mais fortemente ainda, e esta é a razão pela qual durante o exercício parece que sua atividade se intensifica mais. Por isso, é preciso paciência e regularidade. Com a prática, em alguns pequenos instantes não pensamos em nada. É o que os hindus chamam de brecha. Nestes momentos uma conexão se estabelece. Pouco a pouco essa brecha vai aumentando, como também o tempo de conexão e o efeito desse contato. Quando terminamos o exercício, poderemos sentir-nos mais centrados, presentes e atentos no que formos vivenciar ou fazer em seguida.

— Quanto às dores e aos incômodos da posição — continuou ele —, também fazem parte desse processo. À medida que trabalhamos um pouco mais nosso corpo físico, fortalecendo-o e flexibilizando-o, bem como nos acostumando com a posição, isto tende a melhorar e a passar. Também é possível de início, enquanto as dores ainda forem mais fortes, utilizar uma cadeira, sentados com as costas apoiadas no encosto, ou fazer o mesmo numa parede. Da próxima vez que fizermos o exercício, utilizaremos um banquinho de meditação que acabei esquecendo-me de trazer hoje. Certamente irá facilitar a manutenção da posição e aliviar as dores.

— Professor — perguntou Joana —, e onde as pessoas podem aprender a fazer esse exercício?

— Existem vários grupos de desenvolvimento espiritual que incluem a técnica de meditação como parte de seus trabalhos e atividades. Essas pessoas certamente poderão aprender e praticar com eles.

Notei que o Professor dirigiu seu olhar para trás de nós. Era dona Marta que nos vinha avisar do jantar. Levantamo-nos e entramos. Coloquei meu casaco, pois a temperatura havia caído um pouco.

Como sempre o cheiro estava bem convidativo. Havia uma sopa de legumes, pequenas torradas de pão integral com queijo e pequenas rodelas de tomate. Comi um pouco mais do que devia, mas me justifiquei repassando a energia gasta durante todo o dia.

Quando terminamos, sentamo-nos ao redor da lareira, que desta vez estava acesa. O fogo não era muito forte, porque a temperatura também não estava tão fria. Resolvi experimentar o café de cevada que o Professor me ofereceu e que eu não conhecia. De café mesmo não tinha nada, mas o sabor era agradável.

– Professor – perguntei –, como o senhor acha que poderemos organizar o dia de amanhã?

– Agora que terminamos com a parte das limitações e dificuldades – acrescentou Joana –, o que o senhor irá abordar?

– Passaremos a falar agora do modelo que lhes coloquei por meio do qual poderemos trabalhar a superação e modificação desses fatores limitantes, bem como desenvolver o que poderá facilitar e permitir nossa conexão interior.

– Mas lhes quero propor algo – falou o Professor. – Este método começa com um trabalho sobre nosso corpo físico. Por isso pensei em sugerir que começássemos o dia de amanhã com uma caminhada. Existem dois lugares especiais que gostaria que conhecessem. Um deles exige menos esforço, pois não é necessária nenhuma subida como no outro. Acho que poderemos começar com este. Iremos até uma grande cachoeira com várias quedas de diferentes alturas. No caminho e também quando lá estivermos, poderemos parar para conversar e continuar nossas entrevistas.

— Animam-se com essa proposta? — perguntou ele.

— Mas é claro — respondeu Joana. — É sempre bom variarmos os lugares de nossas conversas e gravações. E também estaremos experimentando em nós mesmos o que o senhor nos coloca.

Eu também concordei com entusiasmo. Se existe algo que gosto muito de fazer é caminhar. Ainda mais num lugar tão bonito como este.

— Sairemos por volta das seis horas. Iremos de carro até o local onde começa a trilha e daí seguiremos a pé. Vou pegar duas mochilas para que vocês possam levar suas coisas.

Levantamo-nos e fomos até um pequeno quarto onde o Professor pegou as mochilas. Em seguida nos despedimos e fomos deitar-nos para o descanso necessário à nova jornada que nos cabia realizar.

4

O trabalho no nível físico

Levantei-me bem cedo. Ainda não eram cinco horas. Tinha dormido muito bem. Em função da caminhada que iríamos realizar, havia deitado antes das dez horas. Fazia frio o que favoreceu muito o meu sono. Preparei-me e arrumei a mochila. Estávamos levando os gravadores e uma câmera portátil para as filmagens.

Quando saí do quarto, parecia até festa, pois todos estavam acordados, inclusive o caseiro e sua esposa, que já havia preparado nosso desjejum. Preferi desta vez, para me alimentar melhor e não sentir fome tão cedo, comer um sanduíche de queijo com café de cevada, um pouco de mamão e uma fatia de bolo de laranja. Gostava de ver o Professor comendo. Tinha sempre bastante disposição, mas se alimentava devagar e mastigava bem o que comia.

Dona Marta havia preparado vários sanduíches para levarmos, como também algumas garrafinhas com suco de laranja que distribuiu entre nós. Depois de tudo arrumado e verificando se não esquecíamos nada, fomos para o utilitário do Professor. Eram mais ou menos seis horas e o dia já começava a amanhecer. Sempre me encantava ver o dia raiar. Nunca gostei de deitar tarde, preferindo ir para a cama cedo e levantar cedo também. Via que o mesmo acontecia com Joana e, com toda a certeza, também com o Professor.

Seu caseiro abriu-nos o portão e saímos de sua casa bem devagar, descendo a ladeira até a rua principal. Seguimos por ela até o fim, onde uma curva acentuada obrigava-nos a virar à esquerda. Mesmo a essa hora e com o frio já várias pessoas caminhavam por ela. Passamos por duas padarias abertas e iluminadas que era para onde algumas se dirigiam.

Havia muitas árvores floridas em ambos os lados da rua. Identifiquei alguns enormes flamboyants, ipês roxos e amarelos e quaresmeiras. De quando em quando, o Professor cumprimentava alguém e era saudado de volta geralmente com certa animação. Percebi que era bem popular por aqui.

Depois da curva havia menos casas na rua e pouco a pouco fomos entrando numa parte menos habitada da cidade. Já estava bem mais claro. Depois de uns quarenta minutos, chegamos a uma área mais aberta, onde o Professor parou seu carro. A partir dela começava uma enorme plantação de pinheiros, que era uma área de reflorestamento. Descemos do carro, colocamos nossas mochilas e nos dirigimos para uma porteira na cerca que delimitava a plantação.

O Professor abriu-a e passamos para uma trilha imediatamente antes dos primeiros pinheiros. Começamos a caminhar e, à medida que ela ia estreitando-se, tivemos de andar em fila indiana.

Nunca havia caminhado dentro de uma mata assim. Era um lugar mais escuro, pois as copas dos pinheiros se tocavam de tal forma que diminuíam muito a passagem dos raios solares. Era como entrar numa grande redoma. O chão estava coberto de folhas e era bastante úmido. Havia muitos cogumelos de diferentes tipos e tamanhos, certamente em função deste ambiente propício, mas não eram comestíveis segundo o que o Professor nos colocou.

De vez em quando, um pássaro emitia um piado forte que ecoava longe, embora não víssemos muitos voando. Nós mesmos, quando falávamos, percebíamos o eco que era produzido. Sentia como se estivesse entrando numa floresta mágica, onde havia um silêncio especial e alguma coisa diferente no ar, como aquelas florestas que vemos em alguns filmes assim.

Caminhamos por mais de duas horas sempre seguindo a trilha que ora subia e ora descia um pouco. Era um lugar imenso que parecia não ter fim. Num determinado ponto ainda na mata, o Professor sugeriu que parássemos um pouco para descansar, e assim o fizemos, embora não me sentisse cansado nem percebesse isto em Joana ou no Professor. Havia alguns bancos e mesas debaixo de um dos pinheiros e nos dirigimos para lá.

Tiramos as mochilas e nos sentamos. Senti vontade de inalar mais profundamente e o fiz. O ar era frio e os aromas não encontravam registros em mim. Pensei comigo que certamente algumas novas associações deviam estar sendo feitas nos neurônios do meu cérebro. Comentei isto com eles e rimos um pouco.

— Professor — falou Joana —, aproveitando que paramos um pouco, gostaria que o senhor começasse a nos colocar e explicar o método que poderá ser utilizado em nosso trabalho interior.

— Pois bem — respondeu ele —, acho que é um bom lugar e momento para fazermos isto.

Preparamos nossos gravadores e os blocos de anotações para ouvir o Professor.

— O método sobre o qual lhes quero falar é o método que sigo em minha própria vida e que fui aperfeiçoando durante os vários anos de sua prática. Ele é resultado de uma série de ensinamentos e conhecimentos recebidos de várias fontes e pessoas, como também da minha própria experiência. É o método que utilizo nos grupos que estou coordenando e se compõe de técnicas, exercícios, procedimentos e conhecimentos, que poderão levar-nos ao desenvolvimento de novas habilidades, capacidades e atitudes. Essencialmente para que possamos desenvolver-nos como seres integrais, com uma nova possibilidade de atenção e presença, que facilitará a conexão com nosso ser e a capacidade de poder sustentá-la. O trabalho a ser feito envolve os quatro níveis, planos ou corpos de um ser humano, que são o físico, o emocional, o mental e o espiritual. Embora tenha colocado desta forma, não existe de fato uma separação entre eles, pois todos estão ao mesmo tempo combinados e interligados de muitas maneiras, e tudo o que acontece num deles afeta todos os demais. Esta separação que utilizei é somente para facilitar a apresentação, assim como a vivência do método. De uma maneira bem resumida, poderia dizer que o que buscamos ao vivenciá-lo é superar aquilo que pode dificultar nossa conexão interior e desenvolver e aprimorar o que poderá facilitá-la, incluindo obviamente todos estes níveis da natureza humana.

— Nosso corpo — continuou o Professor — é a base de tudo. Não poderíamos viver nenhum processo de percepção do que somos, nem expressar nosso potencial latente se não contássemos com ele. Dependendo de como ele atua, de sua performance, de sua saúde, de sua resistência e possibilidade de funcionamento em cada momento, estaremos definindo e influenciando nossa capacidade de presença. Como ele é a parte mais sólida e material de nós mesmos, é onde os demais processos se expressam e se refletem. Da mesma forma, como ele está intimamente ligado a nossas emoções e mente, tudo o que fizermos em nível físico também produzirá efeitos em nossas emoções e em nossos processos e atitudes mentais. Nosso corpo é um dos nossos grandes patrimônios. Atua como uma espécie de mediador entre nós e o mundo exterior, transportando-nos de certa forma ao longo desta escola de tempo integral que chamamos de vida humana. Independentemente se gostamos ou não dele, que o rejeitemos ou que cuidemos dele de forma adequada, é o único que teremos nesta vida. Nosso crescimento em consciência necessariamente precisa estar alicerçado nos três níveis básicos, e nosso corpo é o primeiro patamar desta estrutura tríplice, por estar intrinsecamente relacionado ao nosso dia-a-dia e à nossa vida e existência humana. Seu aprimoramento precisa ser contínuo, para que ele possa servir de base e acompanhar o desenvolvimento das capacidades e habilidades nos demais níveis de nossa natureza. Precisamos percebê-lo não como um mero instrumento ou receptáculo que utilizamos, mas vê-lo e transformá-lo num efetivo parceiro e aliado no processo e caminho que estamos vivenciando. Para isto precisamos entender o que ele necessita para poder funcionar e atuar bem, e depois assumir o compromisso e a responsabilidade de atender e satisfazer a essas necessidades.

– E o que seriam, Professor, essas necessidades? – perguntei.

– Veja bem, Matheus, nosso corpo é um mecanismo de grandes capacidades e habilidades que funciona sem que necessitemos saber o que efetivamente se está passando e ocorrendo nele. Muitas coisas estão acontecendo em nossos corpos enquanto estamos aqui sentados, embora não precisemos cuidar nem controlar nenhuma delas. Estamos pensando e falando e, ao mesmo tempo, respirando, combatendo infecções, purificando o sangue de toxinas, renovando nossas células e eliminando o que não nos serve. Nossa parte em seu processo de funcionamento é até bem simples quando comparada à complexidade e à diversidade das funções sob seu controle. Está relacionada à realização de exercícios e de movimentos adequados, à ingestão de alimentos em termos de quantidade e qualidade apropriadas, a prover um descanso e repouso que também são muito importantes, e a cuidar de nossa higiene em distintos aspectos. Se formos capazes de viver com esses cuidados, poderemos ter um sistema nervoso saudável, que inclui nosso cérebro e a coluna vertebral, e favorecer o funcionamento correto e adequado de nossas glândulas e órgãos internos. Desta maneira, estaremos contribuindo para a manutenção da nossa vitalidade e capacidade de nos mantermos saudáveis, elementos fundamentais para a vivência do nosso próprio caminho espiritual.

– Quando o senhor se refere a exercícios e movimentos, o que significa exatamente isto? – perguntou Joana.

– A parte de nosso corpo sobre a qual temos mais possibilidades de realizar um trabalho são nossos músculos. Para que funcionem bem, e conseqüentemente todo o corpo, eles necessitam ser estimulados de modo a poderem desenvolver e manter sua tonicidade e flexibilidade. Os exercícios que podermos utilizar para isso precisam ter uma continuidade e também um aumento gradativo do esforço.

– Qual seria o tipo de movimento mais adequado? – perguntei.

– Possivelmente o melhor e mais fácil de ser realizado é a caminhada. São suficientes de trinta a quarenta minutos por dia. À medida que for tornando-se mais fácil de ser feita e sentimos que o esforço está diminuindo, podemos aumentar gradativamente seu ritmo.

— Mas existem outros tipos de exercícios que também poderíamos utilizar? — perguntou desta vez Joana.

— Existem sim — respondeu o Professor. — Podemos incluir a natação, a corrida, a bicicleta e o remar, que são além da caminhada os que favorecem um desenvolvimento aeróbico de nosso corpo. Qualquer um deles pode ser utilizado, embora os equipamentos, os locais e as infra-estruturas adequados que eles necessitam possam às vezes dificultar sua realização. Além disso, são excelentes os exercícios feitos durante a prática de artes marciais, como o kung fu, karatê, capoeira, tai chi chuan, chung do, aikido e outras, como também as próprias posturas de hatha-yoga. Todos eles, de diferentes maneiras, favorecem o desenvolvimento dos sistemas cardíaco, pulmonar e muscular, como também os sistemas endócrino e energético.

— A corrida é um bom método, Professor? — perguntei.

— Com toda a certeza, embora tenha o inconveniente de poder ocasionar algumas lesões provocadas pelo constante impacto dos calcanhares sobre o chão.

— E qual seria a melhor hora para realizarmos a caminhada? — voltei a perguntar.

— Teoricamente falando, a melhor hora é de manhã cedo. Nesta hora o ar está mais cheio de energia, o que os hindus chamam de prana, que pode ser absorvido por nós durante o exercício, especialmente se de vez em quando fizermos uma ou outra inalação mais profunda. Mas se não for possível fazê-la nesta hora por qualquer motivo, poderemos realizá-la em outro momento, como no final da tarde, por exemplo.

— E a tonicidade e flexibilidade que o senhor também colocou? — perguntei.

— Para isso poderemos utilizar exercícios que estimulem e fortaleçam os músculos, como também alguns alongamentos que favorecerão sua flexibilidade. Se possível, o ideal é que sejam realizados antes do exercício aeróbico, como a caminhada que sugeri.

— E no que se refere ao nosso processo da consciência, como este trabalho pode apoiar-nos? — perguntou Joana.

— Quando realizamos um trabalho físico que tenha a constância e um aumento gradual do esforço, teremos os primeiros elementos efetivos para um bom funcionamento do nosso corpo. Certamente, irão proporcionar-nos uma maior resistência, disposição, energia e prazer, para que vivamos nossas experiências de vida. Todos nos sentimos bem quando o próprio corpo tem esta capacidade. E o mais importante é que passaremos a ter outra possibilidade de resposta diante das situações e das experiências que a cada instante tivermos de viver, especialmente com relação aos momentos de estresse. Em função desse trabalho, poderemos desenvolver uma normalização mais rápida do corpo em relação às reações a que ele é submetido durante esses momentos. Isto significa que diminui a probabilidade de nos desequilibrarmos e, quando isto vier a ocorrer, podermos mais rapidamente nos recuperar, favorecendo em muito nossa capacidade de presença e de conexão interior.

— Mas já que falamos tanto de caminhada — disse o Professor —, sugiro que continuemos. Ainda temos um bom caminho pela frente.

Desligamos nossos aparelhos, arrumamos tudo e continuamos a caminhar. Sentia outra disposição em função do que o Professor havia colocado. Internamente já tinha até assumido mais ou menos um compromisso de começar a caminhar com regularidade. Não que eu fosse preguiçoso, mas não tinha conseguido mantê-la, e percebi algumas saídas honrosas que vinha utilizando como justificativa para isso, especialmente a da falta de tempo.

Andamos por mais meia hora ainda dentro da mata de pinheiros. Em determinado ponto, o Professor seguiu por uma pequena trilha bem mais estreita daquela pela qual vínhamos caminhando, e que terminava numa porteira.

Passamos por ela e logo em seguida o número de pinheiros plantados começou a diminuir pouco a pouco, permitindo que uma maior quantidade de luz pudesse passar por entre suas copas. A área de reflorestamento havia terminado e começamos a andar por um local mais aberto. Era grande a diferença que sentíamos, tanto no ar como na temperatura e na umidade.

O sol já estava bem mais forte, embora o ar, especialmente quando passávamos por uma parte mais sombria, ainda estivesse frio. Eu desfrutava muito da sensação do suor do corpo ao receber o vento mais frio.

Estávamos num lugar relativamente alto, e algumas vezes quando a trilha se abria um pouco mais podíamos ver ao longe algumas montanhas e toda uma paisagem de enorme beleza em que se alternavam tons de verde, especialmente os mais claros. Tirei algumas fotos desse visual porque me encantava muito.

Ao cruzarmos um pequeno riacho, literalmente por um caminho das pedras, entramos numa outra mata bem mais fechada. Era de uma vegetação nativa da própria região, com uma umidade muito grande e com muitas folhas no chão, que formavam uma espécie de capa protetora do solo. O limo e o musgo eram abundantes, tanto nas pedras como no tronco das árvores. Havia muito mais pássaros do que anteriormente, e eles emitiam seus cantos e gritos quando passávamos. Certamente uma forma de alerta para avisar dos intrusos que andavam por sua mata.

Em vários momentos tivemos de cruzar o riacho, pois a trilha mudava seguidamente de direção. Depois de quase uma hora caminhando nesse lugar, começamos a ouvir ainda um pouco distante um som mais forte de água.

– Este barulho de água jorrando é o da cachoeira para onde vamos? – perguntou Joana.

– Isso mesmo – respondeu o Professor. – Já estamos quase chegando.

Um pouco mais à frente, a trilha começou a se alargar e quase em seguida saímos da mata. O barulho da água caindo era bem forte agora. Estávamos numa parte lateral do rio caminhando sobre enormes pedras. Ao descermos por um pequeno caminho entre elas, avistamos o rio. Era bem largo em algumas partes, especialmente numa área um pouco mais abaixo de onde estávamos.

Lentamente nos aproximamos e, num local sobre uma pedra mais plana que ficava na sombra de uma enorme árvore, deixamos nossas mochilas e material. Havia várias pequenas cachoeiras e corredeiras, mas também alguns lugares onde a água se movia mais lentamente e onde era possível até nadar um pouco. O ar estava repleto de pequenas gotículas de água trazidas pelo vento e que tocavam suavemente nossos rostos. Vinham de uma queda d'água que ficava acima do local onde nos encontrávamos.

Ficamos ali parados uns instantes apreciando a paisagem repleta de força e imponência.

– E então – falou o Professor – animam-se a experimentar a água?

Ele mesmo foi quem se animou primeiro. Mergulhou na parte em que o rio era mais calmo e depois se sentou sob uma pequena queda, deixando que a água caísse por suas costas. Vimos nele uma espécie de alegria e prazer com o que estava fazendo, e isso logo nos contagiou. Joana seguiu seu exemplo e mergulhou na parte mais funda e tranquila do rio. Não querendo parecer que estava com pouca coragem ou com algum tipo de medo, também fiz o mesmo. A água era bem fria, especialmente no primeiro momento em que mergulhei, mas depois fui acostumando-me aos poucos. Como o sol já estava mais forte e a temperatura mais quente, facilitou bastante.

    Fui para debaixo da queda onde estavam o Professor e Joana. A água ali caía com muita força sobre nós. Meus músculos, especialmente os do braço e das pernas, abriam-se e moviam-se com a força da água. Experimentei a água caindo nas minhas costas e no meu peito. Cheguei a emitir um grito alto, que acho que foi uma reação ao prazer e ao frio, como também resultado da intensa massagem que meu corpo estava recebendo. Saímos em seguida e ficamos uns instantes na pedra aproveitando o calor do sol. Ainda bem que tinha passado um pouco de protetor solar, que havia sido uma sugestão de Joana, cuja pele era mais sensível.

    Sentia como que ondas de calor subindo e descendo pelo meu corpo, e o Professor explicou-me que era uma reação ao frio da água e a todo o movimento e estímulo que meu corpo havia recebido. Estava muito relaxado e até com vontade de deitar e dormir um pouco.

    Aproveitamos para comer tranqüilamente os sanduíches que trazíamos juntamente com o suco de laranja.

    – Podemos seguir conversando um pouco mais? – perguntou Joana.

    – Claro que sim – respondeu o Professor. – Vamos continuar o trabalho em se tratando da parte física, falando da parte que está faltando e que se refere à nossa alimentação.

    – E o que o senhor tem a nos dizer sobre a alimentação, Professor? – coloquei.

— Para que haja um funcionamento adequado do nosso corpo, precisamos manter um equilíbrio entre todos os elementos que ele necessita, ingerindo proteínas, vitaminas, sais minerais e carboidratos, numa quantidade equilibrada, o que já é algo bastante conhecido. Esses alimentos são transformados de inúmeras maneiras para poderem ser utilizados por todas as células e órgãos, como também para gerarem a energia que é necessária ao funcionamento de um sem-número de processos que ocorrem em nós.

— Que cuidados devemos ter com relação à nossa alimentação? — perguntou Joana.

— Posso sugerir a vocês pelo menos quatro que considero como os mais importantes. Primeiramente, observar a quantidade do que comemos, bem como a combinação dos alimentos, que é algo que consta de vários livros relacionados a uma nutrição adequada. Sabemos que alguns alimentos, quando ingeridos juntamente com outros, podem produzir fermentações que são tóxicas para nosso organismo. E estas toxinas, ao entrarem na corrente sangüínea, são levadas a todas as células dos nossos órgãos e sistemas. Não poderemos esperar que funcionem bem sendo afetados dessa forma por elas. Em segundo lugar, mastigar bem os alimentos, pois às vezes nos esquecemos de que a digestão começa em nossa boca. Um alimento bem insalivado é meio caminho andado para o processo digestivo. Se mastigarmos mais, comeremos menos, e no final acaba sendo até mais econômico, disse ele em tom de brincadeira. Em seguida, evitar comer muito à noite, deixando pelo menos duas horas de intervalo entre a última refeição e a hora em que vamos dormir. O sono é fundamental para a saúde e o bom funcionamento do corpo. Durante a noite ocorrem em nosso organismo vários processos, que ficarão prejudicados se nossas células e órgãos tiverem de fazer hora extra para digerir e processar alimentos num período que deveria ser dedicado ao repouso e à recuperação. Acabaremos acordando cansados e, durante o dia, precisaremos utilizar estimulantes, como o café ou outras bebidas, e produtos que os contêm, como uma tentativa de buscar um suplemento adicional de energia de modo a complementar a que nos está faltando. E, por fim, recomendo beber pelo menos dois litros de água por dia em intervalos regulares. A água é a bebida mais natural e importante que podemos utilizar, e seu uso nessa quantidade irá facilitar o funcionamento de nosso corpo como um todo, especialmente dos sistemas circulatório e renal, tornando nosso sangue mais fluido e facilitando a eliminação de uma série de toxinas que nele circulam, como também contribuindo para a regulação de nossa pressão arterial.

– Tenho lido algumas coisas sobre a alimentação vegetariana e encontrei artigos que apresentam vantagens e desvantagens sobre ela. O que o senhor poderia dizer-nos sobre isso, Professor? – perguntou Joana.

– A carne – respondeu o Professor – é um alimento que contém principalmente proteínas, e por isso, teoricamente falando, é importante para nós. Mas é por si só um dos tipos de alimento com maior capacidade de produção de diversas toxinas que afetam nosso corpo. Todas elas podem afetar nossa saúde e equilíbrio natural e comprometer a qualidade das experiências que estamos vivendo. Mas, além disso, quando comemos carne, ingerimos também uma energia que provém de um animal que estimulará os processos instintivos e reativos inerentes a ela, reforçando em nós essas mesmas características e dificultando a possibilidade das respostas novas e criativas.

– É desta forma então – coloquei – que esse tipo de alimentação está relacionado ao trabalho de consciência que o senhor nos vem colocando?

– Exatamente – respondeu ele. – Por essa razão, para aqueles que começam a compreender o verdadeiro sentido do que estamos fazendo e vivendo neste mundo, uma alimentação vegetariana, incluindo também o leite e seus derivados, assim como os ovos, passa a ser uma opção importante. Mas ela por si só, como também o que lhes falei com relação ao nosso corpo, não garantem nada, embora sejam elementos importantes neste processo de uma nova consciência, juntamente com outros que ainda iremos abordar. E isto basicamente porque em seu conjunto estão favorecendo a qualidade do que estamos vivendo e, como decorrência, facilitando nossa capacidade de presença.

– Ficou claro – perguntou o Professor?

– Ficou sim – respondi.

– O senhor acha que as pessoas que começam a ter esta compreensão da vida deveriam tornar-se vegetarianas de uma vez? – perguntou Joana.

— Acho que não, embora cada caso seja um caso. Esta mudança deve vir como resultado de uma transformação interior, possivelmente pela vivência de um método como este que estou apresentando. Gradativamente, em função do que vai acontecendo na própria pessoa, um dia isto poderá ocorrer como uma decorrência, que seria como colher uma fruta madura no pé que sai com facilidade em nossas mãos.

— E vocês? — perguntou o Professor. — Como estão sentindo a comida vegetariana que estão experimentando?

— Para mim — respondeu Joana — não existe dificuldade alguma, pois já faz algum tempo que não utilizo carne vermelha, e mesmo as outras só ocasionalmente.

— Para mim — falei — também não está sendo uma coisa tão difícil. A comida que temos consumido aqui é muito saborosa e me satisfaz bem, embora em alguns momentos tenha sentido vontade de comer algum prato com carne. O que mais me surpreendeu foi ver como existem possibilidades de prepará-la, mas confesso que de início fiquei um pouco preocupado, pois imaginava algo como saladas e legumes cozidos.

— Muito bem. Creio que sobre alimentação podemos encerrar por aqui. Se necessário em outro momento voltaremos a falar sobre algum ponto.

— E sobre a parte de higiene que o senhor nos colocou? — O que ela significa exatamente — perguntei.

— Quando me referi à higiene — respondeu o Professor —, estava na realidade englobando numa só palavra dois tipos de cuidados. Um mais voltado ao nosso corpo físico e outro mais relacionado a atitudes internas.

– E quais são os aspectos de higiene relacionados ao nosso corpo? – Perguntou Joana.

– Além do fato de podermos modificar nossa forma de alimentação evitando os alimentos carnívoros de modo a facilitar nosso caminho espiritual – falou o Professor –, do consumo abundante de água e de observar os cuidados que lhes coloquei ainda há pouco, incluo também a limpeza externa do órgão mais extenso de purificação que é a nossa pele. Podemos conseguir isso por meio de duchas rápidas na temperatura ambiente para estimular a circulação do sangue nos vasos capilares. Além disso, é muito importante a superação de outros hábitos que podem contribuir para nosso desequilíbrio. Refiro-me aqui aos excessos alimentares, ao uso em demasia de alimentos com açúcar refinado, como normalmente é o caso das sobremesas, às bebidas alcoólicas e ao uso de estimulantes como a cafeína. Qualquer um deles pode levar-nos a estados de depressão e passividade ou de euforia e agitação interna, o que tanto num caso como no outro afetará nossa capacidade de consciência e presença.

– O que pode provocar numa pessoa a necessidade de comer mais do que é efetivamente necessário? – perguntei.

– Todos os distúrbios alimentares, tanto em seu excesso como em sua diminuição, estão relacionados a processos que ocorrem nos níveis emocionais e mentais. São resultados de uma busca ou tentativa de superação ou de compensação, de frustrações, carências ou ansiedades. O que vem sendo algo muito comum em nosso mundo atual.

— Com toda a certeza — continuou ele — precisamos comer e nos alimentar com prazer. Mas se buscarmos na alimentação um substituto para o que verdadeiramente nos pode preencher, entraremos num círculo vicioso que não nos vai levar a lugar algum. Quando isso ocorre, é necessário um apoio de outras pessoas, como um terapeuta, por exemplo, bem como a compreensão do sentido maior do que representa a própria vida, para que seja possível a superação desse desequilíbrio.

— E os aspectos de higiene relacionados às atitudes internas? — perguntei.

— Os aspectos e cuidados que coloquei com referência ao nosso corpo, como também os demais elementos e componentes do modelo que ainda não terminei de transmitir, fazem parte de uma forma ou de outra do que podemos chamar de sistema Yoga de vida. Efetivamente falando, ele se compõe de sete etapas ou passos que, em seu conjunto, vão preparando-nos para vivenciar o oitavo deles, relacionado à união e conexão com nosso ser, que é um estado de consciência divina e universal. As duas primeiras etapas, que têm o nome de *yama* e *niyama*, referem-se ao desenvolvimento de uma disciplina de vida, à purificação e higiene, tanto do corpo como das atitudes, e à modificação de hábitos e comportamentos que necessitam ser superados neste processo e caminho de consciência. De uma forma objetiva, podemos incluir aqui inicialmente o desenvolvimento da capacidade de aceitação e respeito pelos demais, sendo capaz de reconhecer visões e pontos de vista diferentes daqueles que temos. Depois, saber viver de acordo com a própria verdade, desenvolvendo uma capacidade de responsabilidade, constante observação de si mesmo e disciplina, entendendo-se por disciplina ser capaz de efetivamente levar a termo e realizar aquilo a que nos propomos a fazer. E, por fim, ter uma direção e um foco claros da própria vida, de modo a poder fazer escolhas que nos mantenham no rumo definido, evitando o desperdício de tempo, de energia e recursos em coisas ou situações que nos afastam do que efetivamente queremos.

À medida que vamos desenvolvendo essa forma de viver, teremos um maior equilíbrio e capacidade de presença, e aumentamos nosso prazer de viver e de estar neste mundo, bem como nossa energia e auto-estima. E tudo isso irá refletir-se diretamente em nosso corpo, pois ele e nossa mente estão intimamente ligados e relacionados num processo mútuo e estreito de trocas e influências. Por isso, é tão importante a compreensão de como nossos processos mentais acontecem, em que mecanismos se apóiam e principalmente entender como efetivamente mudar e desenvolver nossas atitudes.

– Teremos oportunidade de poder compreender melhor tudo isso, Professor? – perguntou Joana.

– Com toda a certeza – respondeu o Professor. – Faremos isto num outro momento, pois essa compreensão é fundamental como parte de todo este processo que estamos vendo. Mas agora acho melhor voltarmos, porque temos um longo caminho a percorrer.

Colocamos nossos materiais nas mochilas e arrumamos tudo para a jornada de retorno. Ainda tive tempo de olhar um pouco para todo o visual, despedindo-me internamente dele, pois não sabia se em algum outro momento futuro poderia voltar aqui novamente.

Caminhamos um bom tempo em silêncio, parando somente por alguns momentos quando o Professor nos mostrava algum detalhe, como uma orquídea numa árvore, uma enorme teia de aranha ou um pequeno esquilo pulando de um galho para outro. Sentia-me muito bem, embora um pouco cansado. O Professor, talvez percebendo isso em nós, caminhava mais devagar, especialmente quando a trilha subia um pouco e necessitávamos realizar mais esforço.

Apesar de termos demorado mais no caminho de volta, fiquei com a sensação de que o tempo havia sido mais curto, talvez por não ter, como na vinda, tanta ansiedade de chegar logo à cachoeira. Embora tivéssemos parado algumas vezes para descansar, quando chegamos ao carro do Professor senti um alívio.

A cidade agora tinha outra vida. Havia mais pessoas na rua. Pelas roupas e pelo modo de ser, podíamos perceber claramente que muitos não eram dali. Possivelmente pessoas de fora que vinham descansar um pouco ou simplesmente apreciar e conhecer o lugar, pois era bastante conhecido como um ponto turístico.

O Professor parou para abastecer seu carro e comprar algumas garrafas de água mineral, aproveitando também para ligar de seu celular para uma clínica veterinária. Fomos apanhar sua cadela que havia sido picada por uma aranha e estava internada em tratamento e observação. Era uma cachorra da raça labrador, de cor preta, que quando viu o Professor ficou numa euforia que quase não se continha de felicidade. Chamava-se Jollie. Quando o Professor terminou de falar com o veterinário e dirigiu-se para o carro, ela entrou rapidamente sentando-se no bagageiro. Como todos os cachorros dessa raça, ela era muito dócil e brincalhona, e logo fez amizade conosco, especialmente com Joana, que tinha um jeito todo especial com os cachorros.

Quando chegamos de volta, pulou do carro e começou a correr por todos os lugares e cantos cheirando tudo.

Entramos na casa e o Professor convidou-nos para tomar um suco verde muito rico em clorofila, que ele havia pedido à sua caseira que preparasse para quando voltássemos. Explicou-nos que era uma mistura de aipo, couve, cenoura e abacaxi, muito alcalinizante para o corpo e com um grande poder de desintoxicação. Sua cor predominantemente era o verde, mas o gosto mais forte era o do abacaxi. Tomei-o com muito prazer, porque tinha sede e, além disso, era bem saboroso.

Fui para o quarto deixar a mochila e tomar uma rápida ducha. Tinha vontade de deitar uns instantes, mas não o fiz, pois sabia que o almoço já estava quase pronto.

Desta vez, quando começamos a comer, procurei notar o que havia, buscando observar as possíveis alternativas da alimentação vegetariana, pensando tanto nas minhas opções futuras como na própria matéria que iríamos preparar.

Além da salada que sempre existia, havia arroz integral, feijão-manteiga, abóbora refogada, um assado de batata em forma de purê com queijo por cima e brócolis cozido. E de sobremesa, além de mamão, havia também uma torta de milho feita com açúcar mascavo.

Ao terminarmos, ficamos uns instantes tomando chá. O Professor sugeriu-nos que descansássemos um pouco mais pela tarde. Ele iria fazer o mesmo e depois trabalharia em seu livro. Combinamos de aproveitar a parte da tarde, como havíamos feito no primeiro dia, para organizar o material que tínhamos gerado até então.

Fui para o meu quarto. Sentia um cansaço gostoso. Quando me deitei sob o edredom e me senti aquecido, uma onda de prazer e satisfação me invadiu. Que maravilha era poder ter uma sensação assim.

Dormi por quase duas horas.

Quando acordei, ainda fiquei por uns instantes desfrutando da cama.

Levantei-me e coloquei uma roupa um pouco mais quente, pois fazia frio. Quando cheguei à varanda, vi que Joana estava sentada trabalhando em seu notebook. Olhou-me com um olhar meio irônico e disse:

— Pensei que você fosse dormir a tarde toda.

Respondi com um sorriso. Logo me contou que já tinha transcrito tudo o que havíamos gravado. Era uma vantagem podermos utilizar gravadores digitais, pois com muita facilidade podíamos registrar nossas entrevistas. Tinha também conversado com nosso chefe e contado a ele como estava indo o trabalho. Ele havia ficado muito entusiasmado com o que ela lhe havia contado.

Enquanto digitava algumas de suas anotações ficamos conversando. Falou-me que o Professor havia dito que seus caseiros tinham saído para visitar uns parentes e, por causa disso, tinham preparado e deixado na cozinha um lanche para nós. Que ficássemos com a liberdade de comer na hora em que quiséssemos. Ele estaria trabalhando em seu livro e também faria um pequeno lanche em seu próprio escritório.

Caminhei um pouco pelo jardim e o avistei. Seu quarto e escritório ficavam na parte de cima da casa. Estava concentrado trabalhando em seu notebook, mas em determinado momento fez uma pequena pausa, talvez para refletir sobre algo, e acenou-me com um sorriso.

Joana havia levantado e caminhava em minha direção. Já havia adiantado bem a transcrição de seu material. Como eu, também se sentia um pouco cansada pelo esforço da caminhada, mas como ela mesmo disse tinha a alma leve. Saímos andando, tomando a pequena rua de terra onde estava a casa do Professor, que ficava situada na parte mais elevada de uma longa ladeira e que, a partir desse ponto, mudava de direção seguindo num rumo mais horizontal.

Conversamos sobre o que estávamos ouvindo do Professor, especialmente sobre o desenvolvimento de uma compreensão do sentido maior da própria vida humana e de como essa percepção poderia proporcionar uma nova forma de vivermos nossa própria vida.

Fomos devagar até uma pequena praça e depois voltamos. Sentamo-nos novamente na varanda. Joana voltou a trabalhar em suas anotações, e eu comecei a ler o livro que ela havia trazido. Ficamos algum tempo assim. Só me dei conta de que estava anoitecendo quando o frio começou a ficar mais forte.

Entramos e fomos lanchar na cozinha. Tomei um chocolate quente com um sanduíche de queijo e depois outra fatia da torta de milho. Lembrei-me do que o Professor havia colocado sobre a alimentação e resolvi parar por aí, para não gerar trabalho extra para o meu corpo durante a noite.

Aproveitando que a cozinha estava mais quente, continuamos sentados na copa conversando e trocando experiências sobre nossa vida, em especial sobre os lugares onde havíamos vivido nossa infância. Por coincidência, ambos tínhamos passado uma parte delas em fazendas.

Como o Professor combinou conosco de nos encontrar às seis horas para nossa prática de ginástica, resolvemos não deitar muito tarde. Despedimo-nos e fomos para os nossos quartos.

Deitei na cama bem agasalhado e adormeci lendo o livro do Professor.

5
O trabalho no nível emocional
O propósito de vida

Desta vez atrasei-me pela manhã. Percebi que não havia ligado o despertador antes de dormir. Levantei-me rapidamente e num instante cheguei à varanda. O Professor e Joana já estavam lá. Conversavam, fazendo hora, esperando que eu chegasse.

Fizemos toda a seqüência da ginástica e dos exercícios de alongamento. O Professor já não precisou explicar-nos os movimentos, a não ser um ou outro que exigia uma coordenação maior.

Senti meu corpo doído em lugares novos, especialmente nas pernas, embora isto não tenha chegado a prejudicar nem a comprometer a realização dos exercícios. Quando terminamos, como já fazíamos antes, nós nos sentamos nos colchonetes com os olhos fechados, observando o ritmo de nossa respiração, e depois com os olhos abertos, percebendo tudo o que acontecia e existia ao nosso redor. O Professor colocou-nos que quando fazemos isto estamos fortalecendo nosso próprio referencial, tornando-nos mais centrados e, ao mesmo tempo, posicionando-nos em relação ao mundo exterior e a tudo o que nos cerca.

Procurei chegar mais cedo na varanda após o desjejum, para compensar meu atraso e a correria da manhã, e arrumei as cadeiras e o nosso material. O Professor chegou logo em seguida. Atrás dele vinha Jollie, que o seguia o tempo todo por onde ele fosse. Ficou toda satisfeita quando me viu e a acariciei bastante. Quando ele se sentou, ela deitou sossegada ao seu lado. Assim que Joana chegou, iniciamos os trabalhos. O Professor pediu que ficássemos uns instantes de olhos fechados, respirando tranqüilamente para nos centrarmos antes de recomeçar. Desta forma criávamos uma condição melhor de conexão interior. Era algo que ele costumava fazer sempre que possível antes de iniciar qualquer atividade.

– Como está indo o trabalho em seu livro? – perguntou Joana assim que voltamos a abrir os olhos.

– Muito bem – respondeu ele. – Ontem pude adiantá-lo bem. Tenho utilizado as conversas e as experiências que temos tido aqui como fontes de inspiração e reflexão.

– Ficou algum ponto que vocês gostariam de esclarecer com referência ao trabalho com o corpo físico?

Olhei para Joana buscando perceber se queria dizer algo e respondi:

— Acho que não, mas se em algum momento for necessário algum esclarecimento ou complementação certamente lhe perguntaremos.

— Nesta parte do modelo que começaremos a ver a partir de agora — colocou o Professor —, e que se refere ao trabalho sobre nossa parte emocional, teremos várias coisas para conversar, pois nossos processos emocionais são bem mais amplos e complexos. Apresentarei a vocês algumas técnicas e exercícios que poderão ser utilizados, bem como atitudes importantes a serem desenvolvidas. E também alguns conceitos e conhecimentos que creio serem fundamentais como forma de alicerçar o que vou colocar.

— E por onde começaremos? — perguntei.

— Vamos começar ampliando e dando mais elementos com relação a algo que já conversamos antes, que é o propósito de vida.

— O senhor havia nos colocado que o propósito seria uma espécie de norte, que nos poderia facilitar muito no desenvolvimento de um sentido e significado na vida, pelo que posso recordar — falou Joana.

— É isto mesmo — respondeu o Professor. — Acho que é importante relembrar e ressaltar de início que um propósito não é algo a ser vivido num futuro, nem uma espécie de sonho ou a uma fantasia para escaparmos da realidade. Como a maioria do seres humanos não se dedica a um trabalho ou a uma atividade de vida que permita que se sintam realizados e motivados, estão sempre procurando, em função disso, tentar fugir ou aliviar a realidade que têm diante de si. Buscam algum tipo de recordação em uma experiência ou situação passada em que puderam experimentar algo especial ou prazeroso, ou então se projetam num futuro, visualizando ou criando uma situação diferente daquela que estão vivendo. Tanto num caso como no outro estão reforçando sua fragmentação, por estarem vivendo uma experiência no presente e ao mesmo tempo projetando-se num passado ou num futuro. Isto significa que no final das contas não estão em lugar algum.

– O que a percepção de um propósito poderá facilitar ou despertar em nós, Professor? – perguntou Joana.

– Todos nós, à medida que vamos vivendo, e obviamente de uma maneira diferente em cada etapa da vida, sentimo-nos atraídos por determinadas idéias, atividades ou pessoas. Não sabemos explicar por que nos atraem, só sabemos que provocam ou despertam algo em nós. Essas atrações são um tipo de força que nos podem fazer experimentar uma espécie de ressonância com algo ou alguém. E a energia que sentimos com essas ligações é no fundo uma forma de amor. Sem elas talvez não experimentássemos nenhuma motivação ou entusiasmo, e nossa vida poderia ser muito tediosa. Quando ocorrem, e começamos a explorá-las e a estar interessados nelas, vamos desenvolvendo uma ligação, um contato, um vínculo, que é o que nos pode despertar para esse amor.

– Este sentimento ou estas atrações é que nos permitem perceber algo de novo em nós mesmos? – coloquei.

– Exatamente isto – respondeu o Professor. – As experiências e as situações que vivenciamos e as pessoas que conhecemos que despertaram alguma coisa mais forte em nós permitiram e facilitaram a percepção de uma habilidade, de uma capacidade ou de um sentimento, que talvez até aquele momento fosse completamente desconhecido para nós. De certa forma nos propiciaram desenvolver uma consciência maior de nós mesmos, uma consciência do que somos. Poderíamos dizer, portanto, que tudo o que nos atrai está despertando-nos para o nosso ser e para a vida que pulsa em nós. Este amor, resultado do que sentimos em função dessas atrações que experimentamos, está estimulando nosso interesse pela vida e nossa vontade de ser. Por isso, estamos sempre buscando alguma fonte ou forma de inspiração mesmo que não tenhamos uma percepção clara do que está por trás desta necessidade.

Quando terminou de falar isso, o Professor calou-se uns instantes olhando-nos simplesmente. Certamente percebeu a emoção que o que havia dito despertara em Joana.

– Realmente, Professor, isto que o senhor nos colocou é muito especial – falou ela. – Cheguei até a me emocionar. É uma forma nova de entender o que sempre ouvimos falar sobre o amor. Quero rever e ouvir mais de uma vez essas colocações para poder compreendê-las e entendê-las muito bem.

— Na verdade — continuou ele —, não conhecemos o que efetivamente se encontra em nós. Não temos idéia do nosso potencial nem sabemos nada sobre nosso ser imanente, nem mesmo se efetivamente se trata de algo real. De certa forma tudo é apenas possibilidade. Estamos aqui para transformá-las em realidade. Por isso é importante responder às atrações que sentimos, porque são elas que nos moverão em direção a uma maior capacidade de ser.

— Ainda há pouco — coloquei —, o senhor havia dito que o propósito não é uma forma de fuga da realidade nem um sonho ou fantasia. Também nos colocou sobre a dificuldade de prazer com o que se faz na vida, que é algo que muitos, se não a maioria, experimentam.

— E também sobre a fragmentação que isso pode provocar na medida em que escapamos para o passado ou para o futuro — completou Joana.

— Como essas atrações poderiam permitir-nos modificar isso? — perguntei.

— Isto é muito simples de explicar, Matheus. — Quando nos dedicamos a um tipo de trabalho ou atividade relacionado àquilo que nos atrai, teremos muito mais facilidade de experimentar esse amor e esse prazer de que lhes falei. Quando estamos efetivamente inspirados por algo, ultrapassamos os limites de nossa mente e de nossos pensamentos e expandimos nossa consciência em novas direções. E quando isto ocorre, a possibilidade de estarmos realmente envolvidos e presentes com o que estivermos vivendo também irá aumentar muito. Como conseqüência, nossa capacidade de conexão interior torna-se mais fácil de ser estabelecida, e estaremos em condições muito melhores de criar e manter o fluxo de expressão do nosso potencial. Esta é a razão pela qual lhes falei que o amor desperta e facilita a capacidade de ser.

— Ficou claro? — perguntou o Professor.

— Perfeitamente — respondemos ambos.

— Mas como faremos para identificar nosso propósito? — perguntei.

— Bom — respondeu ele —, antes de tudo será necessário identificar o que realmente nos atrai na vida.

— E como poderemos fazer isto? — insisti.

— Primeiramente verificando que coisas nos estimulam mais. Que só de pensar em fazê-las ou vivê-las preenchem-nos imediatamente com muita energia e entusiasmo. Depois, percebendo também o que fazemos ou expressamos com muita facilidade e de forma espontânea ou natural. E, por último, identificando momentos ou experiências vividas em que nos sentimos envolvidos de corpo e alma. Todas essas percepções nos darão pistas sobre o que nos torna mais vivos. Nosso propósito estará intrinsecamente relacionado à vivência de alguma situação, trabalho ou atividade que permitirá que nos sintamos e vivamos dessa forma.

— Mas quando identificarmos essas atividades e mesmo nosso propósito, talvez nem sempre seja fácil poder vivê-lo. Já poderemos estar envolvidos em outras coisas ou compromissos que poderão dificultar sua vivência. O senhor não concorda? — perguntei.

— Você tem toda a razão, Matheus — respondeu o Professor. — Se pudéssemos perceber isto mais cedo na vida seria muito mais fácil direcionar-nos para a vivência desse propósito. Poderíamos dedicar-nos ao estudo de algo, aperfeiçoar-nos, trabalhar e nos relacionar com grupos, instituições e pessoas, viajar, enfim, vivenciar toda uma série de coisas e ações relacionadas a ele. Desta forma tenho buscado orientar os mais jovens. Mas se isto não foi possível de acontecer, caberá a cada um perceber, se realmente quer viver seu propósito, o que poderá ser feito, modificado ou acrescentado de modo a que ele possa ir tornando-se uma realidade. Muitos, para conseguirem isto, começaram de forma gradativa a se dedicar à construção de uma nova forma de viver, enquanto ainda permanecem nas atividades ou nos trabalhos que têm atualmente. E fazem isto até o momento em que podem realizar uma mudança definitiva de um tipo de trabalho para o outro que vêm preparando. Outros não precisam disso, pois podem conciliar sua vida atual da maneira como está sendo vivida com as novas atividades e compromissos referentes ao seu propósito.

– Parece-me uma forma muito sensata – coloquei.
– Pois não estaríamos fazendo nenhuma mudança de forma radical.
– Exatamente – respondeu o Professor. – É possível simplificar nossa vida e dar a ela esta nova direção sem que tenhamos de sacrificar algumas conveniências ou confortos que queremos ter. Obviamente para isto será necessário descobrir o que realmente é essencial para nós. Neste sentido, nosso propósito pode também nos servir como um referencial para identificarmos o que podemos abrir mão, de forma a conseguir outras coisas que são mais significativas para nós, para não carregarmos um fardo e uma bagagem e realizarmos esforços que já não nos servem mais, relacionados a coisas e atividades desvinculadas daquilo que efetivamente queremos. Quando isso ocorre, é muito provável que percamos a alegria e a espontaneidade de viver. Nossos sorrisos diminuirão, os dias poderão parecer sem graça e repetitivos, e a apatia, o desinteresse e a fragmentação certamente aumentarão. Por isso a percepção de um propósito é tão importante. Muitos trabalham, estruturam-se e organizam-se para um dia terem mais tempo para se dedicar às coisas realmente importantes de sua vida. Mas isto às vezes acaba não ocorrendo. Nosso propósito é o que pode facilitar nosso sentido de unidade, pois nos permite perceber como utilizar o que temos na direção de uma realização maior. O propósito e o prazer de viver, de atuar, de trabalhar, de contribuir e de nos reali-

zarmos, precisariam ser vividos o tempo todo. Isto é o que significa estar no mundo e atuar nele, atendendo a todas as suas necessidades e demandas, mas ao mesmo tempo vivenciando nossa realização maior como seres humanos. Não nos iludamos, todos, absolutamente todos, temos alguma capacidade, singularidade ou excelência esperando para se manifestar. Qualquer ser humano tem talentos e habilidades que desconhece e que, portanto, não utiliza, assim como um imenso potencial a ser expresso e revelado. E quanto mais claramente os identificar mais fácil será saber se seus trabalhos e atividades atuais são realmente adequados ao seu propósito.

– Eu acredito – colocou Joana – que muitas vezes vivemos situações que nos impulsionam ou mesmo nos forçam a fazer as mudanças que necessitamos e não temos coragem ou força para tal.

– Com toda a certeza. São situações que chamamos de crises, que também estão associadas a oportunidades, desde que obviamente possamos aceitá-las e vivê-las desta forma. Quando ocorrem, podemos ter a possibilidade de examinar e atentar para a própria vida, fazendo-nos perguntas e questionamentos que poderão ser elementos importantes num processo de mudança e transformação. São momentos de percepção do que estamos vivendo, do que está viciado, repetitivo, e limitando-nos em relação ao que queremos fazer ou viver e não estamos conseguindo.

— Professor — perguntei —, o senhor acredita que tem sentido a afirmação de que se tivermos mais certeza do que queremos poderemos atrair melhores oportunidades para sua realização?

— Quando temos uma intenção clara do que queremos na vida e da vida, e isto a física quântica vem demonstrando-nos, criaremos efetivas condições para que o universo conspire a nosso favor, como se diz popularmente. Uma intenção clara de algo cria em nossa mente um holograma, que é uma imagem associada a essa intenção. Tudo se passa como se ela fosse uma espécie de um projeto como no caso da construção de uma casa. Da mesma forma como numa obra real, em que o material adequado à etapa que está sendo construída vai sendo trazido e disponibilizado para as pessoas que nela estão trabalhando, o mesmo ocorre com relação ao holograma. Diferentes situações, recursos, pessoas, oportunidades e condições vão sendo atraídas no momento certo, permitindo que este holograma, imagem de nossa intenção, deixe de ser apenas um projeto ou uma idéia e vá transformando-se em realidade. Para que todo este processo possa acontecer, é preciso que esse holograma seja mantido em nossa consciência, e é a nossa intenção clara que irá permitir isso. Esta intenção atua através dele fazendo com que percebamos ou reparemos em algumas coisas enquanto ignoramos outras. Ou seja, ela direciona nossa atenção permitindo que vivamos um processo seletivo, fazendo com que dentre um sem-número de possibilidades de percepções que temos a cada instante nos focalizemos naquilo essencialmente relacionado ao que queremos.

– O senhor poderia dar-nos um exemplo relacionado a este mecanismo? – colocou Joana.

– Vamos imaginar que estabelecemos uma intenção com relação a viver de uma maneira mais saudável. Certamente iremos começar a perceber e a receber a partir daí uma série de informações relacionadas a essa intenção. Nenhuma delas muito provavelmente estará associada a algo novo ou que tenha sido criado recentemente. Elas certamente já existiam, mas como não faziam parte do nosso conjunto de interesses, o cérebro e a mente simplesmente as desconsideravam quando eram percebidas pelos sentidos. O mesmo ocorre quando, por exemplo, queremos comprar um carro novo de determinada marca e modelo. Ao colocarmos nele nosso foco e intenção, iremos notar o tempo todo carros iguais a ele nos mais diversos lugares. Se nossa intenção mudar em função de novos interesses, mudará também nosso foco, e perceberemos outras coisas que se não fosse assim nos teriam escapado. Isto significa claramente que as intenções que temos atuam como mecanismos psicológicos definindo e criando nossa realidade. Quando elas se modificam, também modificaremos as percepções que iremos ter e, como conseqüência, o que veremos e aquilo com que iremos identificar-nos no mundo exterior. Estaremos mudando nossa realidade de vida. Vimos anteriormente como os seres humanos estão basicamente focados no mundo exterior em busca de suas afirmações pessoais e de respostas para seus conflitos e necessidades. Esquecidos de que sua realidade externa é criada e influenciada por sua realidade interior e de que é neste mundo que as verdadeiras conquistas e realizações devem ser alcançadas. Quando não é assim, o que estamos fazendo é tentar mudar um efeito trabalhando essencialmente os próprios efeitos e não suas causas. A verdade de cada um é aquilo que somos capazes de perceber e de conceber, que é resultado das intenções e das redes neurais estabelecidas, como dos próprios padrões, hábitos e crenças. Por isso mesmo a opinião ou a interpretação que podemos ter será diferente da dos demais, pois estará baseada em nossas experiências únicas e nos padrões estabelecidos como resultado do que vivemos e das influências recebidas. Colocando de outra forma, isto significa que o que é percebido por uma pessoa não é algo que está inerente às percepções que recebe, mas sim algo feito e elaborado por ela mesma. Desta forma o que poderá ser uma verdade ou alguma coisa perfeitamente clara para alguém poderá não representar o mesmo para outros, o que em muitos casos é a fonte e a causa de problemas ou dificuldades de entendimento mútuo e de comunicação. Se quiséssemos averiguar quem poderia estar com a razão com relação a um determinado ponto, certamente acabaríamos percebendo que todos estão corretos, pois cada um está expressando sua verdade e opinião com base em seus próprios modelos e estruturas de crenças.

— Seria importante em nível pessoal realizarmos algum tipo de planejamento em relação às nossas intenções? — perguntei.

— Não é necessário — respondeu o Professor. — A suposta necessidade de um esforço ou de algum tipo de planejamento detalhado, como se a cada instante fôssemos dizendo e projetando para a vida algo específico que queremos, é uma concepção basicamente racional e mecanicista. Poderia ser útil apenas como um elemento para direcionar nosso foco e clarear e organizar nossas idéias. O holograma é uma visão do todo. Neste processo o que está efetivamente envolvido é um novo enfoque com relação à vida. A partir de uma perspectiva quântica, algo que iremos conversar com mais detalhes um pouco mais à frente, o mundo se organiza de acordo com as intenções de quem o está experimentando, e a vida e as situações se apresentam como conseqüência dessas intenções. Nossa parte neste mecanismo é estabelecê-las de forma bem clara. É isto o que cria a visão do todo. Os detalhes e o como as coisas nos chegarão são partes de um processo com o qual não necessitamos preocupar-nos.

— Existe algum fator ou elemento que poderia prejudicar ou atrapalhar este processo — perguntar Joana.

— Certamente — falou o Professor. Na maioria das vezes acabamos não alcançando a manifestação de nossas intenções. Basicamente porque não conseguimos manter um padrão vibratório que esteja em linha com as mesmas.

— O que seria isto? — tornou a perguntar Joana.

— Sempre que tivermos intenção de algo, mas por alguma razão existir algum tipo de receio, medo ou dúvida de que poderemos não alcançar o que queremos, estaremos colocando em nossa mente outro tipo de pensamento. Se eles se tornarem mais predominantes, no fundo estarão funcionando e atuando como se fossem nossa real intenção, modificando, assim, o holograma original. E o que passaremos a atrair e as coisas e situações com as quais estaremos criando afinidades, ligações e ressonâncias, corresponderão ao que efetivamente não queremos. Isto significa que o que recebo e atraio corresponde exatamente aos padrões vibracionais que estou emitindo.

— Existem alguns trabalhos ou estudos que estejam comprovando esses pontos que o senhor está colocando? — tornei a perguntar.

— Várias pesquisas que estão sendo feitas e que utilizam a ressonância magnética estão verificando que diferentes áreas de nosso cérebro se ativam e respondem a impulsos originados em nossos lobos frontais. É neles que está armazenada uma espécie de memória do futuro associada às nossas intenções. Esta memória funciona como uma espécie de filtro, selecionando dentre todos os estímulos, impressões e imagens que recebemos a cada instante, quais os que efetivamente nos interessam por estarem associados ao que neles se encontra registrado. Diferentemente do mecanismo de percepção seletiva que antes descrevemos associado às nossas crenças e padrões já existentes, neste caso esse processo seletivo está associado a coisas novas e a informações e oportunidades não conhecidas, que se referem a opções e a intenções que estabelecemos e que ainda não foram vividas.

— Pelo que estou percebendo — falou Joana —, criar as condições para que possamos efetivamente viver nosso propósito é algo realmente muito importante.

— Claro que sim — respondeu o Professor. — Por todas as razões que coloquei, mas essencialmente porque nos permitirá ter uma maior possibilidade de presença e envolvimento com o que estivermos vivendo. Como resultado diminuiremos nossa fragmentação, preenchendo-nos com mais energia pela motivação que nos poderá causar, facilitando, assim, nossa conexão interior.

— Como poderemos perceber se efetivamente estamos vivendo de uma forma relacionada ao nosso propósito — perguntei.

— Sempre que estivermos realmente envolvidos de corpo e alma no que estamos vivendo, não veremos o tempo passar, como se diz. Poderemos supor que transcorreram apenas algumas horas quando toda uma manhã já se foi. Ou, ao contrário, quando não existe este envolvimento, sentiremos que o tempo não anda e poderemos ter a sensação de que estamos envolvidos em algo num tempo muito maior do que o que efetivamente transcorreu.

— É complicado tudo isso? — perguntou o Professor.

— Mais ou menos — respondi. — Acho que necessitaremos de um tempo para reler e ouvir novamente o que o senhor nos colocou.

— Se vocês preferirem e também como hoje evoluímos um pouco mais em nossas conversas, poderão fazer isso na parte da tarde.

— Acho que seria bom — falou Joana. — Pois nos ajudaria a organizar melhor o material que temos e também, como o Matheus colocou, a fixar um pouco mais esses conceitos novos para nós.

— Muito bem, então faremos desta forma. Mas de qualquer maneira sugiro que realizemos nossa prática de hatha-yoga. Poderíamos começá-la em meia hora. Estaria bom para vocês?

Respondi que sim e Joana fez o mesmo.

Enquanto o Professor caminhava em direção à varanda, arrumamos nossas coisas. O tempo todo em que estivemos conversando sua cadela se manteve ao seu lado. Algumas vezes dormindo e, em outras, apenas sentada como que atenta ao que se estava passando. Mas quando ele se levantou imediatamente ela o seguiu. Joana, ao observar isto, comentou algo sobre a fidelidade e a lealdade dos cães, que era algo que ela admirava muito.

Fui para o meu quarto e preparei-me para a prática. Procurei desta vez usar uma roupa mais folgada para facilitar meus movimentos.

Cheguei à sala quase juntamente com o Professor, que descia de seu quarto no andar de cima. Caminhamos juntos até a varanda enquanto ele me falava um pouco de seus filhos, a quem admirava muito. A cada dia acostumava-me mais com ele. Acho que de certa forma já sentia também certa admiração. Na noite anterior havia pensado e refletido sobre isso. Certamente em função de tudo o que viveu e realizou em sua vida, poderia hoje estar descansando e desfrutando de uma série de coisas permanecendo ou vivendo em seu chalé, mas, apesar de também fazer isso de quando em quando, estava intensamente dedicado ao trabalho de consciência. Escrevia livros, dava palestras e conferências, conduzia diferentes seminários e grupos, sendo bastante solicitado em vários lugares. Era um estilo de vida que eu também um dia gostaria muito de ter. Recordei-me neste momento do propósito e dos conceitos que ele nos havia colocado. E defini para mim mesmo que iria refletir bastante sobre meu propósito, para que minha vida pudesse seguir numa direção assim e para que eu me preparasse e vivesse o que fosse necessário para isso. Foi um compromisso que assumi comigo mesmo neste momento. Senti vontade de partilhar depois essas percepções com Joana. Ao chegarmos à varanda preparamos o local para a prática. Joana chegou logo em seguida ainda amarrando seu cabelo que estava molhado. Começamos com um exercício de relaxamento que o Professor revisou, destacando os pontos e cuidados principais. Depois fizemos basicamente as mesmas posturas que na prática anterior, embora o Professor tenha substituído algumas delas que exigiam um pouco mais para serem praticadas. Acho que talvez tenha sido para nos poupar em função do esforço e movimento a que havíamos sido submetidos com a caminhada.

Ao final, perguntou-nos como havíamos sentido a prática e esclareceu alguns pontos que Joana colocou referentes à correta posição das mãos em duas das posturas. Ficamos conversando até que sua caseira veio avisar-nos do almoço.

Como estávamos comendo um pouco mais tarde, minha fome estava maior. E parece que dona Marta havia adivinhado, porque a mesa estava cheia de comidas diferentes. Além da salada, do arroz integral e do feijão, havia desta vez uma maionese de batata e couve-flor, bife de glúten acebolado e abóbora gratinada. Todas as verduras e legumes vinham da própria horta do Professor que ainda não havíamos conhecido. Além disso, tinha preparado também um patê de berinjela que comemos com biscoitos salgados. E de sobremesa um manjar de coco. Tudo estava realmente muito saboroso. E não era só em função da minha fome. Ao final tomei uma xícara de chá de boldo que, apesar de um pouco amargo, facilitava bastante o processo digestivo e que havia sido uma sugestão do Professor. Certamente ele deve ter percebido o quanto eu havia comido.

Descansei um pouco após o almoço e nos reencontramos, Joana e eu, mais ou menos às quatro horas para continuarmos nossa parte. Ela havia ficado trabalhando na varanda, pois somente quando se sentia mais cansada é que gostava de dormir um pouco depois de almoçar.

Ouvimos as gravações que havíamos feito e relemos nossas próprias anotações. Aproveitamos a internet do Professor para enviar um primeiro texto e algumas fotos, pois nosso chefe estava ansioso para receber informações. Depois de quase duas horas trabalhando, saímos da varanda e fomos sentar-nos nos bancos sob os pinheiros. Vimos o Professor que estava em cima no seu escritório, certamente trabalhando em seu livro.

– Quando estou sentada aqui – falou Joana –, olhando esta paisagem e este lugar onde estamos e nosso trabalho com o Professor, esta experiência que estamos vivendo, as novas compreensões que estamos adquirindo e pensando no trabalho que iremos criar, sinto como se tudo isto fizesse parte de algo muito maior.

– Entendo perfeitamente o que você está dizendo – respondi.

– Conhecemos somente uma parte do método que o Professor vem-nos apresentando, mas já começo a perceber várias coisas em função dele e me entusiasma pensar em todas as possibilidades e conceitos que ainda iremos ouvir – disse Joana.

– O que mais a inspirou com relação ao que o Professor nos falou até agora? – perguntei

– Acho que foi a parte do propósito. Compreender como ele pode ser um referencial em nossa vida e como poderemos estruturá-la e vivê-la em função dele. De início, quando o Professor começou a apresentá-lo, pensei que fosse algo relacionado a uma espécie de atividade paralela ou adicional ao que fazemos em nosso cotidiano. Mas depois vi que era muito mais do que isso. Perceber esse propósito e poder ter um trabalho ou uma atividade profissional intrinsecamente relacionado a ele é o que vai permitir que trabalhemos e atuemos em algo que realmente nos inspira e motiva na vida, e que nos faz vivos. E o mais importante é saber que cabe a cada um, como cabe a mim agora, criar as condições, fazer as mudanças e os aprimoramentos necessários para que ele possa tornar-se uma realidade.

– E além de tudo – continuou Joana –, quando pudermos viver desta forma, que é a base do que o Professor vem-nos dizendo, facilitaremos nossa experiência de conexão interior.

– E para você, Matheus, o que mais o inspirou?

– Foi entender como funciona o cérebro e a mente com relação às nossas intenções e escolhas. Senti que inúmeras possibilidades novas se abriram para mim em função dessa compreensão. Achei fascinante saber que existe uma área em nosso cérebro, nos lobos frontais, onde essas intenções ficam registradas. Que funciona e atua selecionando dentre tudo o que experimentamos e vivemos em nosso dia-a-dia, o que está efetivamente relacionado a elas e ao nosso propósito.

Ao mudar de posição no banco onde estávamos sentados, avistei seu Paulo que trabalhava no jardim. Ele era um homem simples e de poucas palavras, mas com uma expressão de verdadeira sinceridade. Certamente estava bem acostumado ao trabalho físico. Devia ter alguns anos a menos que o Professor, mas tinha também muita energia e disposição. Trabalhava descalço cortando a cerca de pinheirinhos, passando-nos a sensação de que cada corte e movimento que fazia com a tesoura eram absolutamente precisos. Não gastava energia nem de mais nem de menos. E tinha um ritmo que lhe permitia manter seu trabalho por muito tempo. Recordei-me que em algum momento ele nos havia falado do enorme prazer que sentia em cuidar do jardim. Era sua vida de certa forma. Estávamos vendo, Joana e eu, um exemplo vivo de um prazer de viver em ação.

Comentei isso com ela e ficamos observando-o um pouco, embora ele não nos tenha notado. Estava muito envolvido com o que fazia e com o prazer que isso certamente lhe gerava. Quando começou a escurecer, o Professor veio convidar-nos para que fizéssemos o exercício de meditação. Prometeu-nos levar os bancos de modo a facilitar sua execução. Confesso que não fiquei muito entusiasmado, lembrando-me do que havia sentido quando o praticamos pela primeira vez. Mas de qualquer forma iria realizá-lo novamente. De acordo com o que o Professor havia colocado, de início o processo era mais ou menos desta forma, melhorando aos poucos com a prática regular.

Levantamo-nos, brincamos um pouco com sua cadela e fomos em seguida nos preparar.

Desta vez o exercício foi realmente mais fácil do que eu imaginava. Como o banquinho era ligeiramente inclinado para frente, facilitava a manutenção da coluna vertebral na posição ereta, e minhas costas doeram bem menos. O Professor disse-nos que iria falar sobre vários pontos relacionados ao processo e efeitos da meditação quando abordássemos o trabalho em nível mental. Desta forma poderíamos compreender mais profundamente todos os mecanismos que nela estão envolvidos.

— Existe um momento e um tempo mais apropriados para a realização do exercício? — perguntei.

— Se você puder escolher, talvez o melhor período seja o do entardecer. Neste momento há uma diminuição gradativa da energia exterior, o que favorece o processo da interiorização e do silêncio. Mas existem pessoas que preferem realizá-lo ao amanhecer. O mais importante obviamente é que ele seja feito, se possível diariamente. Quanto ao tempo, para começar vinte minutos podem ser suficientes. Depois, com a prática regular, é possível que em algumas vezes se tenha vontade de fazê-lo por um tempo maior. É importante também que o realizemos antes de qualquer refeição, pois se estivermos com o estômago cheio teremos mais dificuldades em realizá-lo.

— Professor — falou Joana —, mudando um pouco de assunto, com o objetivo de prepararmos a continuidade de nossos trabalhos, qual será o tópico que iremos abordar amanhã?

— Falaremos agora, Joana — respondeu ele —, sobre as técnicas e exercícios que poderemos utilizar para o trabalho com a nossa energia, bem como sobre a questão das atitudes.

— O que o senhor quer dizer com atitudes? — perguntei.

— Com atitudes me refiro a uma compreensão de como percebemos, definimos e construímos nossa própria realidade de vida, em função do que pensamos e sentimos interiormente. É um dos pontos mais importantes que necessitamos compreender e obviamente viver. Refere-se à superação de tipos de comportamentos e de maneiras de atuarmos, que dificultam nossa conexão interior. Está evidentemente relacionado aos pontos que já abordei com relação ao processo de percepção seletiva e da influência de nossas intenções na construção de nossa realidade.

Quando o Professor terminou de falar, percebemos pelos seus movimentos que nossa conversa e nossa prática estavam encerrando-se. Levantamo-nos e entramos para comer.

A mesa como sempre já estava toda arrumada. Tomamos uma sopa de tomate com pão integral, juntamente com um pouco de queijo ralado por cima, que se derretia com o calor da sopa ao ser colocado no prato. Como fizemos antes, sentamo-nos um pouco em torno da lareira, que tinha um calor bem agradável, e seguimos conversando um tempo antes de irmos dormir.

Quando cheguei a meu quarto, percebia nitidamente em mim uma ansiedade com relação aos novos pontos que o Professor passaria a nos apresentar, e custei por isso a conciliar meu sono.

6

O trabalho no nível emocional
O processo de percepção e construção da realidade

Fizemos nossa prática matinal de exercícios de alongamento e flexibilização como nos dias anteriores. Quando acabamos de realizá-los, o Professor sugeriu que fizéssemos dois exercícios básicos de respiração. O primeiro deles estava relacionado ao aprendizado, ao que ele chamou de respiração completa. Lembro-me bem de o Professor ter comentado que a respiração completa não significa encher totalmente os pulmões a cada vez que inalamos, mas em saber distribuir o ar inspirado por todas as partes dos pulmões, que é algo que podemos fazer várias vezes ao dia em diferentes momentos. Para realizá-la, devemos inicialmente estar sentados com o tronco ereto e, a partir desta posição, inalar lentamente pelas narinas enchendo a parte inferior dos pulmões, que é algo que se consegue movimentando o diafragma e dilatando a parte frontal do abdome. Em seguida encher a parte média dos pulmões e depois a parte superior do peito, levantando-o um pouco e contraindo ligeiramente o abdome para facilitar esse processo. Com a prática, toda essa seqüência deve ser feita de forma gradual, contínua e sem interrupções. Ao terminar a inalação, reter a respiração por alguns segundos e exalar pelas narinas, começando por uma pequena retração do abdome e deixando o ar sair lentamente dos pulmões. Quando estiverem vazios, afrouxar o peito e o abdome antes de iniciar uma próxima repetição.

– Quais são as vantagens e benefícios desse tipo de respiração? – perguntou Joana.

– Obviamente todos sabem que o processo da vida está inerentemente ligado à respiração – falou o Professor –, e da qualidade de nossa respiração depende uma série de processos fisiológicos no corpo. O ar que inspiramos, que é aquecido inicialmente em nossas narinas, ao chegar à membrana mucosa em nossos pulmões, cede ao sangue o oxigênio inalado, retirando do mesmo o gás carbônico resíduo dos processos que ocorrem no nível celular. O sangue arterial repleto desse oxigênio é impelido por nosso coração, sendo levado e distribuído por todos os órgãos e células de nosso corpo, alimentando-os e vitalizando-os. Este processo que descrevi de uma forma simples é fundamental para a manutenção de nossa saúde física e para geração da energia que necessitamos para viver e atuar em todos os âmbitos e sentidos de nossa vida. Se não respiramos adequadamente, não podemos purificar completamente o sangue que chega aos pulmões, e suas impurezas serão levadas de volta às células, e, como já lhes disse antes, não podemos esperar que funcionem bem e nos proporcionem saúde e vitalidade sendo alimentadas dessa forma ineficaz.

– Professor – perguntei –, lembro-me de uma observação sua sobre a absorção de prana durante a respiração. O senhor poderia explicar melhor o que é este prana?

– Podemos entender ou definir o prana como sendo um princípio de vida ou força vital – respondeu o Professor –, que está presente em todas as formas de vida e no Universo. Ele se constitui na essência de todos os movimentos e energias, independentemente se elas se manifestam como gravidade, eletricidade ou magnetismo. Da mesma forma que o oxigênio do ar, ele também é absorvido por meio da respiração, embora seu papel e atuação não estejam restritos ao âmbito fisiológico como no caso do oxigênio. Com a respiração comum, absorvemos determinada quantidade de prana, mas pela respiração consciente que podemos desenvolver por meio de exercícios adequados aumentamos o conteúdo de prana que é absorvido. Ele se concentra em nosso cérebro e nos centros nervosos para ser utilizado nos mecanismos básicos relacionados ao funcionamento do corpo, como também nos demais níveis e âmbitos de nossa natureza. Cada pensamento que emitimos, cada esforço de vontade, de atenção, de movimento, bem como nossos desejos e demais sentimentos, todos eles consomem nosso prana. Se não o repusermos na quantidade adequada, estaremos afetando nossas funções básicas e especialmente comprometendo nosso próprio processo de consciência.

Ao terminar essas explicações, o Professor sugeriu que fizéssemos outro exercício que ele chamou de respiração rítmica e alternada. Seu objetivo é o de acalmar nossa mente e sentidos, basicamente por nos proporcionar um equilíbrio entre nossas energias positivas e negativas ou masculinas e femininas, como o Professor nos colocou. Uma de suas formas, que foi a que praticamos, resume-se em utilizar o dedo indicador e o polegar da mão direita, alternando-os no mecanismo de fechar e abrir a narina esquerda e a direita respectivamente, num processo alternado de inalar lentamente por uma e exalar da mesma forma pela outra.

Quando terminamos de realizar esses dois exercícios, sentia-me bem diferente. Era nítida a mudança que haviam produzido. Quando ficamos de olhos fechados ao final dos exercícios, sentia meu corpo com muito mais energia e me sentia mais centrado também.

No desjejum, como o tempo estava mais frio, preferi comer um prato de mingau de aveia com mel e uma fatia de mamão, e depois algumas torradas com café de cevada.

Voltamos à varanda por volta das nove horas para retomar nossos trabalhos. Sempre que estávamos aqui, sentia uma sensação de aconchego, pelas poltronas confortáveis, pela vista, como também pelas inúmeras plantas e flores que o Professor cultivava. Apreciava especialmente duas enormes samambaias choronas, algumas avencas e uma parede cheia de pequenos vasos onde predominavam violetas de diferentes cores.

– O senhor vai começar falando-nos sobre as atitudes conforme conversamos ontem à noite? – perguntou Joana, levando-me a despertar das minhas divagações.

– Antes de falar sobre elas, quero abordar com vocês os sistemas e as técnicas que poderemos utilizar no trabalho sobre a energia.

– E quais seriam esses sistemas? – tornou a perguntar Joana.

– Todos esses sistemas a que me refiro – colocou o Professor –, estão relacionados às grandes tradições que, como lhes falei anteriormente, vieram do oriente para o ocidente e que são principalmente a tradição hindu relacionada ao sistema Yoga, a budista e a chinesa ou taoísta. Todas elas representam sistemas muito antigos pesquisados e aprimorados por milhares de seres humanos que as experimentaram e praticaram durante muitos anos. Dentre elas, a que mais conheço e utilizo é o Yoga e por isso mesmo é a que utilizo no modelo e a que estamos praticando aqui.

– Qual a importância e os principais benefícios da prática regular dessas técnicas? – perguntei.

– Elas irão estimular e ativar basicamente o pleno funcionamento dos nossos centros energéticos, nossos chacras, como já lhes expliquei. Na maioria dos seres humanos, somente os três primeiros destes chacras, que compõem o que muitas vezes é denominado de trilogia inferior, são os que costumam funcionar de uma forma um pouco mais ativa. Eles estão essencialmente relacionados ao processo da vida humana em seus vários aspectos. Por meio do uso e da prática regular de diferentes técnicas, podemos estimular seu funcionamento em outros níveis, como também ativar e ampliar o funcionamento dos quatro centros superiores, localizados no coração, na garganta e dois no cérebro. Cada um desses centros, ao ser ativado, produz efeitos e mudanças no nível psicológico, mental e espiritual, permitindo que lidemos com novos tipos de energias de freqüências mais elevadas, associadas a novas e diferentes percepções, como também a novos níveis ou estados de consciência, o que nos leva ao desenvolvimento de uma nova atitude frente à vida.

– O senhor poderia descrever-nos um pouco mais o sistema Yoga? – perguntei.

– O Yoga, independentemente do ramo ou da variante específica que venha a ser utilizado constitui-se num sistema ou numa ciência de ser, essencialmente relacionado ao processo de realização da união consciente entre o ser humano individual e o ser verdadeiro ou universal. De uma maneira mais resumida e objetiva, as primeiras etapas do sistema Yoga começam pelo processo de purificação e aprimoramento, tanto do nosso físico como de nossa natureza humana. É o que denominamos de yama e niyama e que já tivemos oportunidade de ver anteriormente quando falamos da parte relacionada ao trabalho no nível físico. Depois delas temos a etapa da prática das asanas ou das posturas.

– O que o senhor poderia acrescentar-nos sobre elas?
– perguntou Joana.

– Todas as posturas ou posições de corpo – falou o Professor –, foram desenvolvidas e estão baseadas num profundo conhecimento da anatomia e fisiologia humana. Ao realizarmos cada uma das posturas principais ou suas respectivas variantes, estamos estimulando nervos específicos em nosso corpo, bem como determinados órgãos, gerando um estímulo adicional ao seu próprio funcionamento. Este estímulo oriundo da posição específica adotada em cada postura provoca uma irrigação maior de sangue nos nervos, nos músculos e nos ligamentos utilizados, gerando posteriormente um relaxamento dos mesmos. Cada postura atua também sobre as glândulas endócrinas, que respondem equilibrando e normalizando a produção de seus hormônios respectivos, facilitando os processos metabólicos, o desenvolvimento de nosso vigor, vitalidade e equilíbrio emocional. Cada uma delas estimula também a geração de energias em distintos níveis pela ativação de nossos centros energéticos ou chacras, como já lhes falei, desobstruindo e ativando nossos canais energéticos e facilitando dessa forma nosso processo de crescimento em consciência. Podemos dizer assim que sua prática permite o funcionamento adequado dos itens fundamentais para a manutenção de nossa saúde e vitalidade, que são um sistema nervoso saudável e órgãos e glândulas funcionando de forma equilibrada e normal. Como sua realização está essencialmente relacionada ao corpo, é muito importante um trabalho de condicionamento físico, como já descrevemos antes, assim como a observação dos critérios de higiene, que também mencionamos, para permitir que possamos adaptar-nos de forma gradual à maneira específica e correta de realização de cada postura. Incluiria também nesta etapa o exercício de relaxamento que vocês já conheceram e experimentaram, e sobre o qual já lhes dei as explicações básicas. Com sua prática regular, podemos superar com mais facilidade o estresse que se acumula em nosso corpo, evitando que nos provoque desequilíbrios emocionais e doenças, facilitando dessa forma nosso processo de consciência.

– A etapa seguinte – continuou o Professor –, que se chama pranayama, está relacionada ao controle e aprendizado de nossa respiração e absorção do prana, que é algo que também já abordei anteriormente com vocês.

– E qual seria a próxima? – perguntei.

– A próxima etapa é a que se denomina de pratyahara.

– O que ela representa? – perguntou Joana.

O Professor se deteve alguns instantes fazendo uma respiração mais profunda, olhando-nos por alguns instantes com muita tranqüilidade. – Este modelo que venho apresentando para vocês não foi elaborado para ser utilizado necessariamente por pessoas que estão vivendo suas vidas à margem do que entendemos por uma vida humana comum e corrente. Seu foco é o ser humano que vive sua vida como qualquer outro. Que trabalha e atua no mundo, que vive e desfruta de um sem-número de experiências e passa por conflitos em todos os níveis de sua natureza, mas que essencialmente está disposto a viver tudo isso com outra qualidade e sabedoria, e aprendendo a não se fixar ou a estar sujeito ou preso a nenhum tipo de limitação ou mesmo de prazer. Este ser humano, que poderíamos chamar de um iniciado, é aquele que busca satisfazer e atender a todas as demandas que sua vida lhe apresenta e que, ao mesmo tempo, decidiu e optou por viver também seu próprio caminho iniciático ou de consciência. Isto é o que está implícito na expressão relacionada a aprender a estar neste mundo sem efetivamente pertencer a ele. Por ser um caminho que nos proporciona uma verdadeira liberdade proveniente da consciência da própria plenitude e ligação com nosso ser verdadeiro, é fundamental a superação dos aprisionamentos que comentei.

— E que aprisionamentos são estes Professor? — perguntou Joana.

— Eles estão relacionados às nossas percepções sensoriais e a todas as interpretações e modelos criados a partir delas, como já vimos, e que nos prendem a processos repetitivos, condicionados e reativos, impedindo a expressão de nosso poder criativo e a conexão com nosso ser, pois dificultam nossa efetiva capacidade de presença. Sempre que esses processos ocorrem, ficamos essencialmente focados no exterior, absorvidos completamente por nossas experiências e confusões emocionais e pelas associações, lembranças e reações associadas a elas, perdendo assim a capacidade, que certamente é ainda embrionária, de contato consciente com nosso ser.

Independentemente de qual seja o tipo de aprisionamento, ele certamente estará consumindo-nos muita energia, mantendo-nos no nível humano e no plano das dualidades e conflitos e limitando ou prejudicando em muito nosso impulso transcendente. O trabalho que nos proporciona esta etapa de pratyahara é o de nos apoiar no aprendizado de como lidar de forma eficaz com as próprias percepções sensoriais, bem como na superação e mudança dos modelos existentes inerentemente associados a elas. Isto é o que poderíamos chamar de uma sabedoria ou inteligência emocional, que pressupõe o desenvolvimento de um real equilíbrio diante das situações e experiências da vida, equilíbrio este que é essencialmente dinâmico e que certamente nos propiciará um aprimoramento da própria capacidade de presença. Esta etapa, que poderíamos considerar como uma fase intermediária, é a que nos prepara para que possamos viver as etapas mais adiantadas ou superiores do sistema Yoga, que nos levarão ao contato cada vez mais consciente com nosso ser interior. Por meio dela, estaremos realizando uma enorme mudança de nossa própria energia, de modo a regulá-la e elevá-la em termos de sua qualidade e freqüência, o que é essencialmente necessário para a conexão que tanto desejamos.

– E quais são essas etapas superiores a que o senhor se refere? – perguntei.

– Elas são conhecidas como dharana, que representa o desenvolvimento da capacidade de concentração pela diminuição do ritmo de nossos processos de pensamentos reflexivos, e dhyana, que é a etapa do desenvolvimento de um estado de meditação profunda. Ambas, assim como a vivência de todas as demais etapas anteriores, preparam-nos para a última etapa conhecida como samadhi, que é a de união ou de identificação com nosso ser, também chamada de Yug no sistema Yoga.

— Essas etapas devem ser vividas nessa seqüência que o senhor nos apresentou? — tornei a perguntar.

— De forma alguma — respondeu o Professor —, elas devem ser vividas de forma integrada em termos das técnicas, exercícios e procedimentos que compõem cada uma. Obviamente não se trata de começar praticando todas de uma só vez, pois isto com toda a certeza acabará invalidando sua continuidade. Certamente de início devemos começar praticando as que estão mais relacionadas ao nosso corpo físico, obviamente de acordo com a própria disponibilidade, condição particular de vida, bem como da própria saúde e condicionamento físico. Em algum momento mais adiante, iremos conversar com mais detalhes sobre isso, de modo a que seja possível ter alguns elementos adicionais para facilitar a vivência do modelo. Independentemente de cada pessoa e de sua condição ou momento específico, ao seguir e praticar o modelo que estou apresentando, ela estará vivenciando o sistema Yoga, pois ele representa o método ou o programa de evolução que podemos seguir para nossa realização como seres humanos e universais. O modelo em si é apenas uma visão de síntese e uma maneira de organizar e de apresentar o processo a ser vivido, e que se constitui numa linha de trabalho a ser seguida, que é chamada de Yoghismo. Esta linha representa basicamente um conjunto de experiências específicas vividas por uma pessoa, para que ela possa ser levada a passar e a transitar pelos diversos estados que citei anteriormente necessários ao caminho da consciência de si mesma.

— Percebo que nestas quatro primeiras etapas que o senhor nos apresentou — colocou Joana —, os procedimentos, as técnicas e os exercícios que podem ser utilizados são certamente bem mais claros e precisos. Nesta etapa de pratyahara, de acordo com o que entendi, o trabalho a ser realizado não me parece tão claro assim nem tão simples. O senhor concorda com isto?

— Com toda a certeza — respondeu o Professor.

— E como poderemos realizá-lo? — perguntei desta vez.

— Creio que o primeiro passo é o entendimento do processo de percepção e construção de nossa realidade que está essencialmente vinculado aos nossos sentidos, e depois a realização de um trabalho sobre nossas atitudes para superação das crenças e padrões limitantes que recebemos e formamos ao longo de nossa vida.

— De que modo nossas atitudes e reações podem influenciar e afetar nossa energia e o trabalho interior? — perguntou Joana.

— De muitas maneiras. Como vimos no início das nossas conversas, vivemos todos no mundo da dualidade, sujeitos a uma constante fragmentação, resultado da cisão intrapsíquica original. Esta divisão interna, como lhes mostrei, gerou a necessidade do desenvolvimento de um novo referencial de identidade, que só foi possível de ser desenvolvido por meio de nossas conquistas e realizações no mundo exterior. Esse referencial é mantido pelos pensamentos inconsistentes que temos de nós mesmos e pela busca de respostas, de reconhecimento e de reafirmação que constantemente necessitamos receber como um alimento dos demais. E o tempo que não gastamos nesta tentativa é utilizado buscando escapar ou fugir de tudo o que possa representar uma ameaça a essa identidade, e quando isto acontece recorremos aos mecanismos instintivos de defesa.

– E quais são esses mecanismos? – perguntou Joana.

– O primeiro – respondeu o Professor – é o mecanismo da projeção. Por meio dele costumamos atribuir aos outros partes de nós mesmos que estão reprimidas e ocultas, que se formam sempre que rejeitamos algo que consideramos inadequado ou inconveniente em nossa forma de ser. Poderá ser uma característica, um tipo de comportamento ou mesmo uma qualidade, que passam a constituir o que chamamos de sombra. São impulsos não reconhecidos ou aceitos, como também desejos de plenitude que ocultamos como resposta ao que supostamente nos pode ameaçar, ferir ou gerar um sentimento de rejeição por parte de outras pessoas, e que achamos que podem comprometer nossa identidade. Como são inconscientes, nós os projetamos no meio ambiente e os vemos refletidos de volta. O que parece existir lá fora é na realidade um reflexo de nós mesmos, de uma parte que não queremos ver ou aceitar. Normalmente poderemos perceber essas projeções quando vemos nas outras pessoas alguma coisa que gostaríamos de ser ou que negamos ou rejeitamos. O que não gostamos em alguém com toda a certeza é algo que não aceitamos em nós mesmos e o que admiramos pode ser uma característica que ainda não desenvolvemos ou identificamos.

– O segundo mecanismo – continuou o Professor – é o da compensação. Ocorre sempre que adotamos uma postura como forma de evitar o contato com incertezas que existem em nosso interior, com as quais não conseguimos conviver. Dessa forma, podemos ter uma atitude de excesso de carinho como compensação por tendências insensíveis, ser um moralista por nos sentirmos pecadores, ou querer estar sempre certo e com a razão porque no fundo não nos sentimos seguros sobre quase nada.

– Ainda existem outros? – perguntou Joana.

– Certamente. Mas estes dois e o mecanismo da racionalização são os mais comuns e os de maior efeito.

– E o que seria essa racionalização? – perguntei.

– Talvez seja a defesa que mais utilizamos e percebemos nas pessoas. Está relacionada à tentativa de querer encontrar uma explicação ou um motivo para justificar algo que fizemos. Podemos desta forma racionalizar nossas fraquezas ou fracassos, nossas explosões emocionais e nossos atos equivocados, basicamente numa tentativa de evitar que nos sintamos ameaçados e vulneráveis às opiniões, críticas ou julgamentos de outras pessoas. Todos esses mecanismos criam um sentimento de auto-engano, que com o tempo certamente irá prejudicar e dificultar a formação da nossa verdadeira identidade, pois nos induzem a adotar maneiras de negar o que estamos vivenciando e sentindo, o que nos torna desonestos conosco mesmos.

— O que poderia ser feito para podermos superar esses mecanismos? — perguntei.

— Inicialmente — colocou o Professor — o que precisamos para superá-los é poder aceitá-los, o que nem sempre é fácil de realizar, porque inerentemente a esta aceitação existe o medo profundo da rejeição dos demais. Mas é somente quando nos aceitamos que podemos modificar e integrar os aspectos renegados e rejeitados da nossa própria maneira de ser. Juntamente com essa aceitação, é muito importante o desenvolvimento da capacidade de auto-observação de uma forma objetiva e imparcial. Estas duas capacidades é que nos levarão a abrir mão de nossas defesas, porque estarão gerando uma nova atitude que nos poderá proporcionar uma abertura e expansão de nossa consciência. E isto acontecerá porque estarão permitindo-nos desenvolver uma nova percepção e compreensão de nós mesmos e porque ampliarão nossa capacidade de estar no momento presente, pois sempre que esses mecanismos ocorrem, nosso foco e atenção se voltam para a forma como iremos aparecer ou reagir aos demais, interrompendo a ligação e conexão com nosso interior.

— Quando o senhor nos falou sobre a sombra e os aspectos rejeitados de nós mesmos — coloquei —, lembrei-me de ter lido algo sobre a história da Bela e da Fera relacionada a isso.

— As histórias e os chamados contos de fada são formas simples de representar esses processos que ocorrem em nós mesmos. De um modo geral, são metáforas associadas ao nosso processo de transformação, em que os personagens representam nosso ego, nossa sombra, nossa vida humana, como também nosso ser verdadeiro. A madrasta malvada da Branca de Neve ou a bruxa da Bela Adormecida estão ambas relacionadas ao poder de nosso ego de nos fazer adormecer para o divino que existe em nós. Quando ela é beijada pelo príncipe, representando um momento de contato mais profundo com o nosso ser essencial, momentos estes que ocorrem quando nos colocamos de corpo e alma no que estamos vivendo ou fazendo, ela então acorda representando um despertar do grande sono da não consciência. Se soubermos aproveitar esses momentos, poderemos colocar uma nova luz em nossa vida. Na história da Bela e da Fera, relacionada ao mecanismo da sombra que você mencionou, a Fera só se transforma efetivamente quando é amada e aceita pelo que ela é e como ela é, o que é uma espécie de chave ou solução para o enigma. Isto está relacionado ao que lhes falei ainda há pouco sobre a capacidade de aceitação do que renegamos em nós mesmos e da superação dos mecanismos automáticos de reação, defesa e proteção.

— Todos estes mecanismos — continuou o Professor — são acionados de forma mecânica e inconsciente como resposta a determinados padrões de pensamentos profundamente arraigados em nós, relacionados a situações vividas em outros momentos. Criam estados mentais e emocionais que nos afetam de uma forma global e que dificultam em muito nossa capacidade de presença.

— Professor — perguntei —, como funciona internamente a influência dos pensamentos e das emoções sobre nós?

— Cada sentimento ou pensamento que temos gera um impulso nervoso e produz diferentes substâncias relacionadas a eles, por meio de um processo ainda não bem conhecido de transformação de energia em matéria, em que uma pequena onda salta como que da superfície de um oceano convertendo-se numa partícula na dimensão do tempo e do espaço. Estas partículas assim geradas em nosso cérebro são os neurotransmissores que atuam como condutores e portadores para todas as células, órgãos e sistemas do corpo do conteúdo do que estamos pensando e sentindo. Este processo ocorre de uma forma quase que instantânea, ocasionando como decorrência toda uma cadeia de reações ao longo de nosso veículo físico. Nestes compostos bioquímicos, está codificado de certa maneira tudo o que estamos vivenciando em nossa mente, que passa também a ser sentido e experimentado por todo o corpo. Desta forma, quando nos sentimos deprimidos, amedrontados ou irados, é assim que se sentirão todas as nossas células, e quando estamos felizes ou plenos de amor, também será assim que elas se sentirão. E nossos órgãos refletirão esses sentimentos em seu próprio funcionamento, seja num sentido ou no outro. Isto significa que a nossa saúde ou as condições que poderemos ter ou experimentar são resultados de todos os impulsos positivos ou não que emanam de nossos pensamentos e da nossa consciência. Por isso se diz que efetivamente somos o que pensamos, já que para cada estado mental, para cada estado de alma ou de consciência, por meio deste processo existe um estado correspondente no nível fisiológico.

– Estou entendendo – falou Joana – que se tivéssemos condições de ter mais controle sobre o que pensamos ou sentimos, poderíamos modificar muitas das condições de nossa vida. O senhor concorda com isso, Professor?

– Totalmente, e nisto reside um grande potencial de mudança e transformação. Na maioria das vezes nossos pensamentos ocorrem de forma completamente aleatória, imprevisível, e praticamente sem nenhum tipo de controle. Surgem das experiências, dos estímulos e das influências externas, como do contato que temos com outras pessoas. Mas independentemente disso eles poderão estar sob nosso foco consciente, ou seja, poderemos treinar-nos e educar-nos para gerar e aceitar os pensamentos que escolhemos e queremos ter. Esta capacidade está associada à nossa determinação pessoal e pode ser definida como a habilidade de observar e vigiar os próprios pensamentos e sentimentos, para evitar que nos alimentemos emocionalmente com aqueles que nos debilitam e desequilibram; constitui-se num tipo de treinamento que precisa ser parte de qualquer método de trabalho verdadeiro. Como o que experimentamos está relacionado ao que pensamos e sentimos, fica claro que nossos estados físicos e emocionais se relacionam, dependem e provêm de nós mesmos. E por isso mesmo, quando modificamos nossas atitudes e conseqüentemente os tipos de reações e de respostas que costumamos dar, poderemos modificar nossa vida e as condições que enfrentamos. As percepções que temos e vivemos são espelhos e não fatos, pois o que estamos vendo e identificando são apenas nossos estados interiores refletidos no mundo exterior. Da mesma forma como não adiantaria agredir ou reclamar com a própria imagem refletida num espelho ou quebrá-lo para que não mais pudéssemos vê-la, também não adianta lutar ou combater meramente as situações externas, pois no fundo estaríamos lutando contra nós mesmos. As respostas, situações e experiências que atraímos, bem como as conseqüências e as reações que experimentamos, estão em ressonância com o que foi emitido. Dentre tudo o que se encontra na chamada realidade externa nos afinamos e nos identificamos com o que cria essa ressonância conosco. Isto é válido e acontece tanto em relação a pessoas que atraímos e com quem nos relacionamos, como a lugares que gostamos de freqüentar, a hábitos que temos, a roupas que preferimos usar e a um sem-número de outras coisas. Se quisermos conhecer melhor o que se passa em nosso interior, basta que observemos nosso próprio ambiente de vida e tudo o que estamos atraindo e com que nos defrontamos em nosso cotidiano. Tudo aquilo que se encontra além dos limites de nossa ressonância de certa maneira é imperceptível para nós, não faz parte de nossa realidade e, portanto, é inexistente. Quando mudamos interiormente, modificamos o que projetamos e, como conseqüência, mudamos também aquilo com que nos afinamos, a forma como percebemos muitas coisas e aquilo com que criamos essa ressonância. Isto é o que acontece, por exemplo, quando lemos um livro. Poderemos achar que compreendemos significativamente seu conteúdo, mas na realidade estaremos percebendo apenas aquilo que está em linha e que corresponde ao nosso próprio estado e nível de consciência neste momento. Se voltarmos a lê-lo em algum outro instante futuro, poderemos absorver, captar e entender pontos de uma forma diferente e possivelmente mais ampliada do que na leitura anterior. Basicamente pela nova consciência que poderemos ter desenvolvido e pelas crenças que podem ter-se modificado em função de mudanças experimentadas e vividas entre uma leitura e a outra. Com a compreensão que este processo nos proporciona, poderemos redesenhar e redefinir nossa vida e nosso estilo de viver. Pois cada escolha nova que fizermos e cada mudança que realizarmos estarão colocando em movimento um novo curso de ação, e de alguma forma afetando e influenciando nossas possibilidades e acontecimentos futuros, e por isso mesmo podemos perder algumas amizades, mudar hábitos, preferências, prioridades, necessidades pessoais ou outras coisas.

— Estava tão absorta com tudo isso que o senhor nos está falando — disse Joana — que até me esqueci de fazer uma colocação.

— Pois pode fazê-la — falou o Professor.

— Ao compreender todo esse processo que ocorre em nosso interior, sinto que temos muito mais poder de influência sobre nossa própria vida do que às vezes imaginamos.

— Com toda a certeza — respondeu ele. — E a compreensão desse poder gera como conseqüência uma enorme responsabilidade, pois não poderemos mais culpar a vida, outras pessoas, nem condições externas pelo que estamos sentindo ou experimentando. A responsabilidade é nossa, bem como a capacidade de poder modificar o que é necessário, que é uma possibilidade que sempre está presente a cada instante. Nossos pensamentos e emoções criam um nível e uma qualidade interior, e esta qualidade determina o nível de freqüência de cada um, que é uma espécie de tom ou sinal que projetamos para o mundo. Em função disso, atraímos, como coloquei antes, respostas e situações que vibram na mesma qualidade e freqüência. O que mais necessitamos neste momento, tanto como seres humanos como humanidade, é passar do plano da dualidade para o plano da unidade. Mas quanto mais estivermos alimentando sentimentos destrutivos de todos os tipos, como também julgamentos e críticas, tanto em relação a nós mesmos como em relação aos demais, estaremos aumentando e fortalecendo nossa fragmentação e dualidade. Como resultado, será este o tipo de padrão vibracional que estaremos emitindo e não nos surpreendamos se estas mesmas coisas forem as que estivermos atraindo de volta para nossa vida. A mudança dos padrões de energia é que modifica a percepção de como as coisas parecem ser, e por isso mesmo não adianta reclamar do mundo ou esperar que seja ele quem deva mudar. Quanto maior o alinhamento com nosso ser verdadeiro, maior será nossa unidade e coerência e menores os conflitos e divisão. Elevaremos dessa forma nossa qualidade vibracional e a qualidade de nossa própria vida como a dos ambientes onde estivermos e dos lugares que ocuparmos, contribuindo assim para uma efetiva e significativa qualidade do mundo ao nosso redor, pois sabemos que as vibrações mais altas transformam e afetam as mais baixas.

— Professor — falou Joana —, seria possível uma explicação um pouco mais ampla dos conceitos de dualidade e de centro interior?

— Como parte do processo de expansão e evolução da própria vida e do conseqüente impulso ou necessidade de uma percepção e consciência mais profunda de nós mesmos — falou o Professor —, tivemos de assumir uma vida neste plano humano perdendo, como já vimos, nosso estado de unidade anterior. Experimentamos uma fragmentação ou divisão interna gerando a necessidade de nos contemplarmos no mundo exterior, para podermos perceber e reconhecer aquilo que efetivamente somos. Esta divisão provocou o aparecimento das duas polaridades ou energias, que passaram a constituir a característica essencial do mundo em que vivemos e da nossa própria natureza humana. A polaridade ou energia masculina é o aspecto de nossa natureza mais direcionado para o exterior e para a necessidade de manifestação e materialização externas. Por isso mesmo, é natural que esteja relacionada a uma força ou a um impulso criativo e mais orientada para uma finalidade ou para algo específico. A energia ou polaridade feminina é a energia da percepção de possibilidades, da receptividade e do aspecto mais interno das coisas. Por sua natureza é abrangente e com uma enorme capacidade de envolver e abarcar tudo, e não diferencia ou individualiza como a masculina. Ambas se necessitam e se complementam mutuamente e estão presentes em todos nós. Diferimos em relação aos demais apenas pela consciência e pela capacidade de utilização que cada um tem dessas energias.

Ao vivermos neste mundo da dualidade, que é o nosso mundo do dia-a-dia, ora estamos num pólo ora no outro, incapazes de perceber e reconhecer a unidade implícita em tudo. O que necessitamos neste momento é poder aprender a viver e atuar a partir de um novo referencial que é o nosso centro interior, o que necessariamente implica numa aceitação e incorporação de ambas as polaridades. Obviamente elas continuarão existindo, e precisam existir, pois se fosse possível eliminar qualquer uma estaríamos também eliminando a possibilidade do centro. Viver nossas experiências a partir dele significa sermos capazes de nos manter autoconscientes enquanto atuamos e vivemos nossas experiências no mundo, e interagimos com as demais pessoas e situações. Isto representa uma forma completamente distinta de atuação. Continuaremos vivendo neste mundo lidando com a dualidade e com as polaridades em todos os seus aspectos, sentidos e manifestações, mas aprendendo a lidar com elas e a equilibrá-las a partir de um novo ponto ou de uma terceira perspectiva representada pelo nosso centro interior. Sempre que conseguirmos viver desta forma, estaremos criando um novo tipo de energia e trazendo muito mais equilíbrio para nossa vida e ambiente. Desenvolveremos uma habilidade maior de compreensão e observação do que está ocorrendo, aprendendo a deixar que as coisas aconteçam sem querer logo interferir. Com o tempo e a experiência, poderemos transformar-nos em observadores desapegados, capazes de aceitar e de lidar com os diversos aspectos e facetas da vida humana, sem querer que as pessoas ou as situações se modifiquem para se encaixarem na nossa própria maneira de ver e viver cada coisa. De certa forma a verdadeira atividade nasce a partir dessa capacidade. O acesso ao nosso ser poderá ser muito difícil enquanto não pudermos conviver em harmonia, aceitação e equilíbrio com as situações de nosso cotidiano de vida.

– De que maneira essa harmonia e tranqüilidade geram essa verdadeira atividade que o senhor nos colocou? – perguntei.

– Ao vivermos dessa forma, serenamos e estabilizamos nosso lado emocional, permitindo que ele possa entrar numa sintonia com nosso cérebro e seus padrões elétricos. Criamos assim um fluxo de energia entre nossas emoções e mente que gera um estado de alta qualidade e coerência, que nos permite agir com um nível de percepção muito elevado. Nosso potencial criativo se amplia, nossa eficácia e capacidade de aprendizagem aumentam, e temos à nossa disposição outro nível de inteligência. Este é o princípio por trás do conceito da inteligência emocional, ou seja, o desenvolvimento e a utilização desse potencial de nossa mente estão intrinsecamente relacionados a uma vida emocional mais equilibrada. A chamada inteligência do coração se constitui justamente nesse fluxo, que é gerado quando nossas emoções e nossa mente estão nessa harmonia, produzindo este estado de coerência interior.

— Agora entendo melhor o que o senhor nos colocou sobre a importância da superação dos sentimentos destrutivos e das críticas — colocou Joana.

— Quando esses sentimentos predominam — falou o Professor —, dissipamos rapidamente nossa energia. São estados que nos esgotam, drenam e desgastam, contribuindo para a incoerência interior, embora ainda seja a forma como mais comumente vivemos. As emoções reativas como a raiva e todos os tipos de medo, culpa, julgamento, bem como o excesso de preocupações e até mesmo o ficar tagarelando inutilmente ou remoendo algo que não gostamos ou que nos incomodou, custam bem mais do que podemos supor pela incoerência que acabam produzindo. Se pudéssemos perceber o impacto e o efeito sobre nosso próprio campo energético como o dos demais, das palavras mais agressivas ou da nossa forma mais abrupta e rude de nos expressarmos, bem como a imensa perda de energia vital produzida, certamente não iríamos mais permitir que ocorresse um tipo de expressão assim. Além de todos os reflexos e danos produzidos em nosso corpo, estaremos gerando também algo muito maior relacionado ao bloqueio de nosso fluxo energético, que é o que acaba impedindo o desenvolvimento do nosso potencial criativo e das possibilidades inerentes em nós mesmos. Por outro lado, o estado de coerência interior constitui-se num estado psicológico dos mais eficazes, no qual, além do que já coloquei, temos também uma capacidade intuitiva muito maior originada do contato com nosso ser. São momentos em que experimentamos a sensação de que o tempo voa, essencialmente por estarmos muito mais presentes e envolvidos com o que estamos vivendo e fazendo.

– Depois de toda essa abordagem e conceitos que o senhor nos apresentou – coloquei –, acho que podemos entender melhor a complexidade e a importância do trabalho sobre nossas percepções sensoriais relacionada à etapa de prathyahara. Seria possível que o senhor nos resumisse, de uma forma objetiva, os mecanismos e métodos que podemos utilizar neste trabalho de superação e modificação de nossas sombras, crenças e percepções?

– Certamente que posso fazer isso – respondeu o Professor. – Todos os processos de modificação de nossos modelos interiores de percepção e resposta, como vocês mesmos já puderam perceber, não são certamente simples nem se realizam de forma imediata, pressupondo um trabalho e uma dedicação que requer persistência, paciência e continuidade. Da mesma forma como levamos um tempo para sua formação, também precisaremos de um tempo para sua reformulação. Para isso, com toda a certeza teremos de desenvolver e fortalecer o que antes chamei de determinação pessoal.

– O que seria exatamente esta capacidade? – perguntei.

– Determinação pessoal é a capacidade de aplicação da própria vontade – respondeu o Professor –, que poderíamos também definir como sendo uma atitude de efetivamente fazer acontecer aquilo que queremos, que escolhemos ou que decidimos como melhor para nós num determinado momento ou situação. Esta determinação é que nos possibilita começar a realizar o trabalho de superação das velhas respostas, condicionamentos, adiamentos e procrastinações. Podemos exercitá-la por meio de um sem-número de pequenas coisas relacionadas ao nosso dia-a-dia, sempre que pudermos manter um sim ou um não que optamos como resposta às situações e demandas da vida sobre nós. No fundo é uma enorme energia que se encontra em nossa própria psique e que necessitamos aprender a desenvolver e utilizar.

– Como ela nos poderia ser útil na superação e modificação das crenças e modelos? – perguntou Joana.

— Quando não estamos suficientemente conscientes, que é o que acaba acontecendo na maior parte do tempo, como já vimos, os modelos mentais existentes acabam predominando, que é um processo e mecanismo que ocorre sem que necessariamente estejamos percebendo. Ao desenvolvermos essa capacidade, certamente nos tornaremos mais vigilantes e presentes e poderemos ter, portanto, uma maior condição de selecionar nossos pensamentos e de interromper o que ocorre dessa forma inconsciente para nós. Isto é fundamental para esta modificação e para o desenvolvimento do que podemos chamar de uma personalidade efetivamente saudável. Nossa mente inconsciente recebe, processa e armazena qualquer informação que a ela chegar, pois não tem a capacidade de discernimento ou de seleção. Este papel é justamente o que deve ser exercido por nossa mente consciente, que é quem deve fazer e realizar as escolhas e a triagem do que nos chega. Mas ela não conseguirá fazer isso sem uma determinação ou uma vontade desenvolvida, firme e centrada. Por isso mesmo, no caminho iniciático ou de crescimento espiritual esta qualidade e atitude são tão importantes, que as também denominamos de um trabalho de fortalecimento de uma disciplina livremente consentida, fundamental para esse processo que estamos vendo como para a prática continuada dos exercícios, técnicas e procedimentos que necessitaremos desenvolver e utilizar.

— E quais seriam os métodos específicos que nos poderiam apoiar nesse processo de superação? – perguntei.

— Posso sugerir a vocês — falou o Professor quase que de imediato — duas formas simples e básicas de começar a realizar esse trabalho. A primeira delas está relacionada à percepção de tudo aquilo que rejeitamos em nós mesmos e que acabou originando as sombras conforme compartilhamos anteriormente. Resume-se basicamente em fazer uma lista tanto das pessoas que não gostamos como das que mais admiramos, e em seguida identificar exatamente o que não apreciamos como o que gostamos mais. Com toda a certeza, iremos perceber que todas essas características estão em nós mesmos, embora ocultas e inconscientes e sendo projetadas nos demais. Ao sermos capazes dessa percepção, juntamente com uma capacidade de aceitação, que no fundo é uma aceitação de nós mesmos, estaremos começando um entendimento, uma transformação e incorporação daquilo que por tanto tempo foi renegado e rejeitado por nós. Tudo aquilo de que não somos conscientes voltará muitas vezes, pois se encontra registrado e retido em nosso corpo sob forma de anéis de tensões e bloqueios, como em nossas emoções, em nossa mente e em nossa alma. Não importa há quanto tempo tenham sido efetivamente criados, pois para todos os efeitos é como se estivessem acontecendo e ocorrendo no dia de hoje, neste momento presente, e só deixarão de ser parte de nós quando se tornarem conscientes.

— E qual seria a outra forma? — tornei a perguntar.

— A outra forma está relacionada à percepção e à superação dos modelos mentais e padrões que nos fazem responder e reagir de forma mecânica e repetitiva. Da mesma maneira que a anterior, o processo começa com a criação de uma lista, que chamo de agenda de emoções. O objetivo é que identifiquemos ao longo de cada dia as situações que de alguma forma nos afetam e incomodam, anotando o sentimento vivido e associado a ela como o diálogo interior que foi estabelecido, ou seja, aquilo que ficamos pensando, repetindo e remoendo internamente. Ao fazermos isso, iremos começar a perceber que as situações que identificamos e anotamos certamente poderão ser diferentes, embora no fundo estejam gerando as mesmas reações e diálogos internos que criamos como resposta. A partir daí, quando começarmos a viver determinada experiência de vida e percebermos que reações, sentimentos e diálogos estão começando a se repetir, podemos no exato momento dessa percepção interromper o processo. Obviamente só conseguiremos fazer isso se estivermos presentes e já exercitado a capacidade de determinação pessoal e a de estarmos vigilantes. Imediatamente após essa interrupção, devemos afirmar de forma positiva e sempre no tempo presente aquilo que realmente queremos em termos de uma nova atitude, forma de resposta ou de comportamento.

— E como esse processo que o senhor nos descreveu atua interiormente? — perguntou desta vez Joana.

— Cada vez que formos capazes de interromper o fluxo de uma determinada programação que está registrada em nosso cérebro sob forma de uma rede neural, evitamos que um mesmo caminho continue a ser percorrido internamente. E o fato de colocarmos e afirmarmos novas formas ou opções em termos de um comportamento ou resposta nos permitirá criar uma nova rede neural, que atuará como se fosse uma via alternativa àquela já existente. De tanto que fizermos e repetirmos esse mecanismo, chegará um momento em que essa via que chamei de alternativa passará a representar efetivamente a nova rede a ser seguida, e a rede ou programação anterior, pelo fato de ser cada vez menos utilizada, perderá sua força. Por isso coloquei anteriormente que todo este processo exige uma determinação pessoal, disciplina, perseverança e sobretudo muita paciência.

O Professor terminou de falar e fizemos silêncio por alguns instantes. Parecia que ainda estávamos absorvendo o que ele havia terminado de dizer. E nosso silêncio era como um sinal de aquiescência em relação ao que tínhamos ouvido. Propôs que fizéssemos nossa prática. Pediu-nos também que retornássemos por volta das cinco horas, pois necessitava sair um instante após o almoço para passar no banco e fazer algumas compras. Arrumamos nosso material e fomos preparar-nos para a prática com o Professor.

7

O trabalho no nível mental
O desenvolvimento de novas possibilidades

Em nossa prática de hatha-yoga havíamos feito desta vez algumas posturas a menos do que na anterior, mas permanecemos um pouco mais em cada uma delas. O Professor procurou, como nos colocou depois, permitir que pudéssemos ir além da mera preocupação com a realização da postura, para podermos sentir e desfrutar melhor de seus efeitos.

E acho que conseguimos isso. Pude experimentar um prazer e relaxamento que não havia sentido antes, mesmo considerando que eu era apenas um iniciante nessa prática.

No almoço, em seguida, procurei manter o mesmo tipo de envolvimento que havia experimentado durante as posturas. Comi com mais cuidado e presença, mastigando mais os alimentos, e percebi que acabei comendo bem menos do que normalmente e também com menos sofreguidão.

Tentei descansar um pouco após o almoço, aproveitando o período maior que teríamos, mas não consegui. Minha mente fervilhava. Fiquei o tempo todo recordando e pensando nas coisas que o Professor havia colocado. Minha necessidade de síntese estava diante de uma grande tarefa, que era a de associar e relacionar entre si os novos conceitos que a alimentavam. Sentia que havia uma ligação efetiva entre tudo, embora pela novidade dos conhecimentos não conseguisse ainda realizar e perceber com clareza esta associação. Mas independentemente disso percebia certa identificação e reconhecimento, como se algo estivesse sendo evocado de dentro de mim mesmo.

Um pouco antes das cinco horas vimos o Professor que chegava de suas compras. Estacionou o carro e, enquanto seu Paulo descarregava o que havia trazido, veio até nós na varanda. Conversamos uns instantes e ele logo saiu para um rápido banho antes de reiniciarmos nossos trabalhos.

– Bem, vamos continuar – falou o Professor ao retornar. – Mas teremos de falar um pouco menos desta vez para não prejudicar nosso exercício de meditação.

– E o que iremos ver agora? – perguntei.

– Na parte do modelo em que estamos neste momento – colocou ele –, que se refere ao plano mental, acho importante abordar como a compreensão e a vivência em nosso cotidiano do que coloquei até agora poderão levar-nos à percepção e ao desenvolvimento de novas possibilidades de nós mesmos.

– O senhor está referindo-se a realmente passarmos a expressar e utilizar nosso potencial? – perguntou Joana.

– Isso mesmo – respondeu ele.

– Lembro-me de ter lido um artigo relacionado à enorme capacidade e potencial de nosso hemisfério cerebral direito. Estas possibilidades a que o senhor se refere estão de alguma forma relacionadas ao seu desenvolvimento? – perguntei.

– Certamente – respondeu o Professor. – Nos estados de coerência a que me referi antes é quando criamos as condições de podermos utilizar estas enormes capacidades adormecidas, e é também nestes momentos que poderemos estimular seu desenvolvimento. Nosso hemisfério direito pode processar ao mesmo tempo um sem-número de imagens e informações, numa velocidade muitíssimo maior que o hemisfério esquerdo, limitado a um processamento seqüencial e lógico. É o hemisfério da nossa verdadeira criatividade, que nos permite resolver situações e problemas de maneiras verdadeiramente notáveis, que não contradizem nossa lógica ou razão, mas que certamente vão muito além delas, por nos permitirem acessar e expressar novas possibilidades inacessíveis em nosso estado normal de atuação e de consciência. É por meio dele que poderemos desenvolver uma verdadeira visão de síntese, por sua capacidade de abarcar e de incorporar as diversas informações que recebemos, tanto da realidade exterior como do nosso próprio inconsciente.

– E por que não somos capazes de realmente utilizá-lo? – perguntei novamente.

– A todo instante somos bombardeados por inúmeras informações que nos chegam por meio dos nossos sentidos, mas nosso cérebro racional é incapaz de lidar com múltiplas opções e alternativas. Em função disso um processo de percepção seletiva está ocorrendo o tempo todo, por meio do qual reduzimos a quantidade dessas informações. Isto significa, por exemplo, que nosso olho capta muito mais coisas do que efetivamente vemos, e nosso ouvido ouve muito mais sons do que os que na realidade escutamos. Só nos damos conta, portanto, de uma pequena parte do que efetivamente foi percebido. Devido a esse processo acabamos caindo numa atuação focada na dualidade, constantemente aceitando, preferindo ou escolhendo um pólo ou aspecto da dualidade e rejeitando o outro. É o chamado pensamento binário base do processo da engenharia de computação em seu estado tecnológico atual. Isto significa que mesmo que tenhamos diversas possibilidades de atuação e de resposta, como desde o início de nossas conversas venho colocando para vocês, infelizmente reagiremos e atuaremos essencialmente com base em nossa capacidade cerebral básica e dualista, que favorece as respostas mecânicas, instintivas e reativas. Essas respostas são as que estão associadas e relacionadas a nossas crenças, padrões e redes neurais de há muito existentes. É mais fácil assim, pois gastamos bem menos energia, mas é o que nos predispõe a uma vida mais limitada e repetitiva, por estarmos rejeitando o tempo todo o que não se ajusta e não se encaixa em nosso universo já dominado e conhecido. As respostas velhas às novas situações que a cada instante se apresentam mantêm-nos presos aos costumeiros padrões de pensamento e de forma de pensar. Este processo, bem como a forma de análise racional que atualmente predomina, serão cada vez mais inadequados e incapazes de efetivamente responderem a novas demandas, exigências e velocidade de crescimento características do nosso mundo atual. Temos hoje um enorme potencial de acesso a uma quantidade muito maior de informações e de maneiras muito rápidas e eficientes, mas não estamos sendo capazes de lidar com elas e de processá-las, por não estarmos ampliando nossa própria capacidade mental.

– Todas essas possibilidades ampliadas de nós mesmos estão relacionadas aos princípios quânticos e ao chamado pensamento quântico? – perguntei.

– Certamente – respondeu o Professor. – E são esses princípios que quero abordar a partir de agora com vocês. Eles poderão fundamentar e explicar melhor vários aspectos e nuances de todo este processo. Mas preferiria não começar esta parte agora. Acho melhor deixarmos para amanhã. E com relação a isso, tenho uma proposta para vocês.

— E qual seria? — perguntou Joana, com uma postura e um tom de interesse.

— Quero sugerir que amanhã façamos outra caminhada àquele lugar de que lhes falei anteriormente. Poderemos fazer como da outra vez. Sairemos bem cedo pela manhã e continuaremos nossa conversa em locais que forem apropriados para isso.

— Vocês concordam? — perguntou ele.

— Certamente — respondi sem esconder uma animação com a proposta.

— Sempre gosto muito de caminhar — falou Joana. — E também poderemos conhecer um pouco mais deste local tão especial em que estamos.

— Então vamos preparar-nos para realizarmos nosso exercício de silêncio interior — colocou o Professor.

Meditamos na varanda como sempre. Tive de usar um suéter de lã porque fazia bastante frio. Com o uso dos banquinhos ficava bem mais fácil realizar o exercício, pois minhas costas não doíam tanto. Por outro lado, não era nada fácil evitar seguir meus pensamentos, e praticamente o tempo todo eram eles quem me conduziam e levavam de um lugar para outro, de um tema para o seguinte. Cheguei a achar que talvez nunca conseguisse meditar realmente, mas o Professor colocou-nos novamente que o processo era assim mesmo. Somente a prática constante é que poderá permitir-nos aos poucos conseguir manter nosso foco.

Não ficamos conversando mais tempo na varanda, pois fazia bastante frio, e logo entramos para o jantar. Com o frio mais forte era muito bom tomar uma sopa quente. Quando terminamos de comer, ficamos conversando sobre o local e a caminhada que faríamos. Iríamos até a parte mais alta da cidade e da região, num local cuja vista segundo o Professor era realmente magnífica. Era uma caminhada em que levaríamos um pouco mais de tempo do que a outra que havíamos feito, basicamente pelo fato de a trilha ser praticamente o tempo todo em subida, e não tanto pela distância em si. Contou-nos também um pouco sobre a história da cidade e de como havia sido construída. Por volta das dez horas fomos deitar-nos para poder descansar bem para a maratona que nos esperava.

Não demorei muito para dormir, embora me sentisse um pouco ansioso pela expectativa deste novo dia. Como era característica minha, procurei deixar tudo organizado para quando acordasse. Separei a roupa que iria utilizar e a jaqueta impermeável mais quente. Coloquei na mochila o meu material para as entrevistas e gravações, o calção de banho, uma toalha pequena e meus óculos de sol.

Dormi profundamente embalado pela cama quente e bem agradável. Acordei com o despertador tocando e levantei-me para me preparar. Como da outra vez, a mesa para o desjejum já estava pronta. Comi um mingau de farinha de milho adoçado com mel, juntamente com uma banana. E depois uma fatia de pão com queijo e uma xícara de café descafeinado. Dona Marta distribuiu vários sanduíches entre nós, algumas garrafinhas com suco de laranja e fatias de bolo envolvidas em papel alumínio. Despedimo-nos, entramos no carro do Professor e saímos os três. Fazia bastante frio. Ao chegarmos à rua principal nos encaminhamos desta vez em direção à entrada da cidade. Jollie, a cadela do Professor, estava sentada no banco de trás juntamente com Joana. Olhava tudo atentamente e estava bastante animada. Talvez pressentindo a caminhada que faríamos, pois além de ser bastante inteligente estava acostumada a fazer essas caminhadas com o Professor. Quase na saída da cidade, entramos à direita numa pequena rua de terra repleta de bambuzais de um lado e do outro. O dia já estava começando a amanhecer e o céu estava ligeiramente azulado. Apesar do frio, deixei o vidro um pouco aberto para ir sentindo os aromas à medida que íamos andando. Estávamos descendo, mas logo que terminamos de atravessar um pequeno riacho a estrada se tornou um pouco mais íngreme.

– Iremos até um pequeno parque da cidade – falou o Professor –, aonde começa a trilha que iremos tomar.

Nem bem havia terminado de falar e avistamos sua entrada. Como ainda era cedo tivemos de esperar que o vigilante viesse abrir o portão. Cumprimentou-nos e seguimos adiante. Era um lugar muito bem arrumado, com vários caminhos e canteiros bem cuidados. No centro do parque, na parte mais baixa, havia um grande lago com uma ilhota no meio. Por toda a parte podíamos ver flores de diferentes tipos e recantos sob as árvores com bancos e pequenas mesas. Fomos até um estacionamento e deixamos o carro parado sob algumas árvores, para que depois pudesse estar na sombra quando o sol saísse. Colocamos as mochilas, pegamos o equipamento de filmagem que havíamos trazido e nos dirigimos para trilha. Ela começava na parte de trás de uma grande fonte de pedra, cuja água jorrava através da boca de um rosto de leão. Começamos a caminhar lentamente. A trilha era bem fechada nesta parte e rodeada por uma vegetação intensa e muito úmida. Jollie seguia na frente cheirando e observando tudo. De vez em quando saía do caminho, embrenhando-se na mata, voltando a encontrar-nos um pouco mais à frente. O ar também era muito úmido e tinha aromas distintos, embora predominasse o cheiro de madeira molhada junto com o de algumas flores muito brancas que tinham um aroma bem doce. Sentia-me muito bem. De quando em quando enchia mais plenamente meus pulmões, proporcionando-me uma dose extra do rico oxigênio que nos circundava. Caminhamos por mais de uma hora neste lugar falando muito pouco, procurando estar mais atentos aos sons dos pássaros e a todo este ambiente tão especial que nos envolvia. A trilha havia se tornado um pouco mais seca e também mais aberta, pois a vegetação era menos intensa. Ocasionalmente passávamos por pequenas clareiras com pedras de grandes tamanhos. As folhas do chão diminuíram e foram substituídas por pedras pequenas meio roliças que às vezes dificultavam nossa caminhada, pois nos faziam resvalar. Depois de uma parte da mata um pouco mais fechada, que parecia até uma pequena gruta, saímos numa enorme pedra. Era um local bem mais aberto e com uma amplitude de paisagem que nos permitia ver uma grande parte do vale onde ficava a cidade. De forma quase que natural nos detivemos um pouco. Já fazia quase três horas que estávamos caminhando. Não estava cansado, já que nosso ritmo era mais lento em função da subida, mas um descanso viria bem a calhar, pois ainda teríamos depois um bom trecho até a parte de cima da montanha, que era o objetivo da nossa caminhada. Tiramos as mochilas e nos sentamos na pedra apreciando a paisagem e deixando o ar que soprava suavemente passar por nossos rostos e por nosso corpo. O Professor perguntou-nos se gostaríamos de começar a conversar um pouco. Concordamos os dois e começamos a preparar nossos equipamentos. Com este cenário como pano de fundo certamente as gravações que iríamos fazer teriam uma beleza especial para compor as coisas que o Professor nos iria colocar.

— O senhor tinha nos dito que iria abordar algo relacionado aos princípios quânticos — falou Joana.

— Pois é exatamente isto o que faremos — respondeu ele acomodando-se melhor na parte da pedra em que estava sentado.

— A física quântica é um ramo relativamente recente da física. Vem dando-nos condições de entender o processo da vida de uma forma que anteriormente só era possível de ser explicada, embora de maneira mais limitada, pelos sistemas religiosos. O que ela nos coloca de início, e que é na verdade um conceito essencial, é que grande parte do que chamamos e consideramos como nossa realidade externa não é nem de longe uma realidade tão objetiva e tão material como normalmente acreditamos ser. As percepções geradas por meio de nossos sentidos, ou seja, tudo o que olhamos, ouvimos, tocamos, cheiramos ou saboreamos, mesmo estando baseadas em algo externo, são apenas construções mentais. A percepção das cores e dos sons, por exemplo, são na realidade resultado de relações estabelecidas entre freqüências externas e o nosso cérebro, o que significa que sem ele não haveria cores ou sons. Por isso mesmo a realidade que entendemos e percebemos não existe de uma maneira independente da nossa participação. O que observamos é gerado por nossa própria mente e em nossa própria mente, embora acreditemos que o mundo físico exista independentemente de nós. Um objeto externo pode ser perceptível por várias pessoas que o estejam vendo, já que ele é comum a todos, mas sua percepção interior é única e completamente pessoal e depende essencialmente das crenças e dos padrões de cada um. Por outro lado, nossa capacidade de criar e de manifestar algo depende das escolhas que fazemos e de nossas intenções, pois a partir delas a energia que estava neutra, no chamado campo não manifesto de energia, transforma-se em energia criativa, e como conseqüência todas as demais coisas começam a acontecer. Essa energia ativada funciona como se fosse um grande imã atraindo tudo aquilo relacionado ao que projetamos. No mundo quântico, o que esperamos ver e encontrar é o que obtemos. Não há, portanto, criação de uma realidade que não ocorra por meio de um processo de construção ativo no qual participamos e estamos completamente envolvidos. Neste mundo quântico o observador, aquele que está vivendo a experiência, tem um papel crucial na criação de sua própria realidade de vida, e tanto sua presença como suas expectativas alteram e afetam fisicamente o que ele vê e atrai. É nossa consciência em última instância quem está criando nossa realidade. Do ponto de vista quântico, a vida é um imenso campo de possibilidades e de potencialidades. Aquilo que poderá tornar-se realidade depende do que selecionarmos a cada instante em função do que efetivamente queremos e de nossas próprias intenções, o que significa que podemos ser cada vez mais sujeitos e agentes conscientes da própria vida e realidade. Não é pelo fato de não sermos capazes de perceber diferentes possibilidades relacionadas a uma experiência ou opção de vida que elas não existam, pois todas estão potencialmente presentes, embora a cada instante somente uma possa efetivamente se transformar em realidade. Quanto mais estivermos presos ou fixados em nossos próprios padrões e limitados a uma forma específica de ver as coisas, teremos com toda a certeza uma menor probabilidade de perceber as diversas alternativas. O fato de procurarmos algo ou de termos determinado foco faz com que encontremos o que buscamos e elimina a possibilidade de percebermos outras opções. Normalmente costumamos tentar superar ou resolver um problema ou situação com as estratégias e tipos de soluções que já conhecemos e que costumeiramente utilizamos. O pensamento quântico, por outro lado, estimula-nos a deixar de lado a forma velha e usual de usar nossos pensamentos e de ver as coisas, para que possamos pensar e ver cada situação e experiência que estivermos vivendo de uma maneira diferente.

— Mas, Professor — perguntou Joana —, o que efetivamente impede ou dificulta que vivamos de acordo com nossas próprias escolhas e possibilidades?

— Existem algumas razões para isto — respondeu ele.

— Eu ressaltaria o medo de ser e de expressar plenamente o que efetivamente somos, o medo da responsabilidade de assumir a própria vida e de ser consciente em relação às próprias escolhas e de tudo relacionado a elas, como também o medo das mudanças, que é o que está por trás de quase tudo.

— Na realidade pelo que entendo — coloquei —, as mudanças de certa forma são inevitáveis, embora resistamos a elas como se fosse possível evitar que aconteçam.

– É isto mesmo – falou o Professor. – A mudança é um princípio básico e essencialmente ligado à própria vida em todo o universo. Tudo, seja no nosso interior como fora de nós, está em contínuo processo de mudança, embora como você mesmo disse estejamos resistindo a elas o tempo todo, numa tentativa, mesmo que em vão, de evitar que ocorram. Vocês devem lembrar-se de que no início de nossos trabalhos coloquei que qualquer ser vivo está continuamente evoluindo e se modificando, buscando estruturar-se em níveis cada vez maiores de complexidade e de coerência, que é algo que está acontecendo o tempo todo. Estamos renovando-nos constantemente e, ao mesmo tempo, sendo capazes de manter nossa própria referência, que vem sendo chamada de uma estrutura num eterno processo de movimento e transformação; isto os gregos denominavam de *autopoiesis*.

– O senhor poderia explicar-nos melhor como seria isto? – perguntei.

– Os seres humanos são sistemas abertos, o que significa que estamos interagindo o tempo todo com o meio em que vivemos, com nosso mundo exterior e com as demais pessoas. Por meio deste processo de troca e de interação, tanto influenciamos como somos influenciados e afetados por um sem-número de estímulos e impulsos. Este é um mecanismo essencial no próprio processo de evolução em consciência. Quando os estímulos nos chegam, dependendo do momento que estamos vivendo e de sua própria força e impacto, certamente irão produzir algum tipo de perturbação e de interferência em nosso suposto equilíbrio. Nossa tendência de início é a de rejeitá-los como uma espécie de defesa, na tentativa de manutenção da nossa condição atual, mas na medida em que se repetem e aumentam de força e complexidade, poderão chegar a tal nível de perturbação que já não poderemos mais ignorá-los ou resistir simplesmente a eles. Atingimos o que vem sendo chamado de ponto de bifurcação, de escolha ou de ruptura, que nos levará a viver algum tipo de crise, de momento crítico ou de mudança significativa, que poderão até mesmo ser radicais. Evidentemente que o grau desta crise e o seu impacto serão proporcionais à reação ou à resistência que produzirmos, como também o sofrimento que poderemos experimentar, que está diretamente relacionado à tentativa de nos prender a situações que já podem ter perdido seu valor, impedindo que nossa vida siga seus processos de transformação e evolução. Mas isto não precisa ser desta forma. Será muito mais fácil e natural se pudermos perceber os estímulos que nos chegam e responder a eles efetivando os ajustes e as mudanças que estiverem sendo necessários. Não estamos neste mundo e nem vivemos nossa vida como seres humanos para chegarmos ou alcançarmos uma situação ou momento de total segurança e estabilidade, nem também para chegarmos de uma forma definitiva a nada na vida. Estamos sempre sendo impulsionados a nos estruturarmos em níveis maiores de qualidade e consciência. Quando compreendemos isto e vivemos de acordo com este impulso inato, facilitaremos enormemente nosso processo humano. Sempre que vivenciarmos um momento destes de significativas mudanças e transformações, nossa vida se modificará e nos reestruturaremos em novos níveis, desenvolvendo uma nova capacidade e consciência para compreendermos a vida e para lidarmos com ela a partir daí. E o processo seguirá até que uma nova mudança e consciência se definam e se estruturem. De certa maneira esta suposta desordem, representada pelos momentos de crises e mudanças, acaba sendo a fonte e o meio do estabelecimento de uma nova ordem.

— Li alguma coisa sobre a teoria do caos — colocou Joana — e lembro-me de que está associada a esse mecanismo da ordem e desordem.

— A teoria do caos nos mostra que a desordem e o caos, que tanto tememos de uma forma ou de outra, não representam uma anomalia, um desastre ou um equívoco no processo da ordem e da vida. No nosso mundo da dualidade os princípios opostos estão sempre presentes, pois um não pode existir sem o outro, como vimos. Portanto, não se trata, por exemplo, de tentar buscar o bem fugindo do mal, nem de buscar a ordem evitando a todo o custo a desordem. Uma é parte inerente da outra. Existe ordem na desordem e existe desordem na ordem. Não estão separadas, nem uma representa algo normal enquanto a outra representaria uma exceção. A mesma coisa podemos dizer em relação ao processo que envolve a necessidade de estabilidade e de mudança. Saber lidar com estes opostos e vivê-los a partir do ponto central que lhes coloquei antes representa a forma e o processo verdadeiros de poder reconciliá-los, que envolverá a percepção de que não são antagônicos, mas sim complementares. A vida não é previsível nem controlável e, por isso, em vez de tentar exercer um controle sobre nossos processos, o que gera muita rigidez, desgaste e estresse, o que precisamos na realidade é aprender a seguir seu próprio fluxo e desdobramento. Confiando num poder e numa inteligência que dirige o universo e que pode muito bem, por estar e ser inerente a nós mesmos, dirigir e cuidar das circunstâncias e condições de nossa própria vida. Desta forma aprenderemos a lidar com as mudanças, com a necessidade de estabilidade, com o caos e a ordem, gerando uma resistência cada vez menor e abrindo mão de tentar e querer controlar a vida. Poderemos descansar e relaxar, permitindo que esta presença realize um trabalho muito melhor do que poderíamos fazer. Esta capacidade de nos rendermos e de nos entregarmos significa apenas aprender a deixar de lado o apego aos resultados, bem como de pararmos de nos preocupar com o futuro e com as mudanças que se apresentam. Quando aprendermos a desenvolver esta confiança, geraremos um fluxo entre nós mesmos e nosso ser verdadeiro, entre nós e a própria vida, que nos propiciará momentos de muito maior qualidade e de profundas trocas e ressonância, que poderemos experimentar como um sentimento de paz, de harmonia, de uma capacidade maior de compreensão e percepção, de uma grande criatividade ou de um sentimento de conexão e integração. Nestes instantes poderemos perceber como o universo e a vida estão na realidade conspirando o tempo todo a nosso favor. E experimentaremos as sincronicidades manifestando-se ao nosso redor, que nada mais são do que resultado e manifestação dessa ressonância e desse fluxo que se criou.

O Professor terminou de colocar isto e senti nitidamente um pouco deste fluxo e desta energia a que ele se referiu. Era algo que certamente neste momento nos unia os três. Sem falarmos nada havia uma espécie de cumplicidade, de uma troca e de uma concordância mútuas. Ficamos calados alguns minutos desfrutando dessa energia e dessa ressonância. Fomos despertados por um bando de pássaros que passou voando muito próximo a nós e o Professor aproveitou e sugeriu que continuássemos a caminhada, pois ainda tínhamos um bom trecho pela frente.

A manhã estava muito especial pela combinação deste lugar, da paisagem, do clima e de tudo o que estávamos ouvindo. Arrumamos nossas coisas e continuamos a caminhar. O trecho agora era bastante íngreme e a trilha mudava constantemente de direção para facilitar a subida. Minhas pernas já começavam a dar sinais de cansaço pelo esforço maior a que estavam sendo submetidas. De quando em quando, sempre que a trilha se abria e tinha menos vegetação ao redor, era possível apreciar um pouco da paisagem. Aproveitávamos para parar por uns instantes e recuperar o ritmo da respiração. Já havíamos caminhado por cerca de uma hora quando começamos a ouvir o barulho de água. Era de uma pequena cachoeira localizada no meio de uma vegetação intensa de um verde bem forte. O Professor perguntou-nos se gostaríamos de aproveitar para dar uma pequena parada, como também para tomar um banho na cachoeira. Eu fui o primeiro a responder que sim. Sentia calor agora e um banho neste momento poderia ser bem reconfortante. Caminhamos até ela. Havia um pequeno lago que era formado por algumas pedras e uma parte de areia onde deixamos nosso material e mochilas. O lago era bem raso. Quando nos aproximamos da cachoeira, vimos que havia algumas pedras sobre as quais ela caia e que facilitavam e permitiam que pudéssemos ficar sob ela. A água caia num fluxo contínuo sobre o lago e em função do aumento ou da diminuição da luminosidade, sua cor mudava de um tom meio esbranquiçado, com tonalidades de verde para outro de uma tonalidade azul claro. A queda não era forte e podíamos suportar bem o impacto da água sobre nós, mas a água era muito fria e não agüentávamos ficar muito tempo nos banhando. Quando entrei sob a cachoeira, quase fiquei de início sem poder respirar bem. Mas o efeito era incrível. Muito maior do que o que havia experimentado na outra cachoeira. Senti um estímulo, um vigor e uma energia muito grandes e meu corpo todo se tonificou. Percebi que Joana e o Professor também expressavam essa energia, mas não demoramos muito tempo, pois o local era mais frio, já que em função da vegetação intensa o sol quase não podia chegar até nós para nos aquecer. Até hoje quando me lembro desse lugar, sinto essa mesma sensação.

Continuamos nossa caminhada e, cerca de uns quarenta minutos depois, após uma parte bem inclinada da trilha, chegamos ao final de nossa jornada. Estávamos praticamente no topo da montanha. Havia muitas pedras e várias formações rochosas, e era bem amplo o patamar onde estávamos. Deixamos nosso material num local protegido e fomos explorar um pouco o lugar. Andamos até uma ponta de pedra que parecia precipitar-se para além da montanha como se fosse um enorme trampolim. A paisagem era realmente sensacional. Tínhamos uma visão de quase 360 graus, com exceção apenas de uma parte da montanha que ficava atrás do ponto onde estávamos. Podíamos ver ao longe alguns pequenos vilarejos e aglomerações de casas, como também diversas matas, tanto naturais como de reflorestamento. Apesar da altura, soprava um vento suave e agradável de se sentir. O silêncio era bem intenso. Havia como que um som que podíamos perceber bem ao longe. Fora disso somente o piar esporádico de algum pássaro. O lugar era grandioso e sentia que de certa forma me remetia à minha própria grandiosidade como ser humano, como também à minha própria humildade. Ficamos sentados pelo menos por meia hora, simplesmente nos sentindo integrados e permitindo que algo mais profundo fosse tocado em nós. Lembrei-me de o Professor comentar sobre a razão em tempos mais antigos da construção de templos e mosteiros no alto de montanhas. Estava relacionada justamente à energia mais fina e ao mesmo tempo mais intensa que é possível de ser experimentada em lugares assim.

    Levantei-me e fui buscar as mochilas e nosso material de gravação. Aproveitamos para fazer nosso lanche enquanto apreciávamos a paisagem. Comemos lentamente. Ao final, perguntei ao Professor se poderíamos conversar um pouco mais antes de retornarmos, e preparamos novamente nossos equipamentos para isso.

    – Professor – colocou Joana –, ainda há pouco estava pensando sobre a questão das escolhas e da manifestação das possibilidades e sinto que este conceito ainda não ficou bem claro para mim.

    – Pois então vou explicar de outra forma para vocês – respondeu ele.

    – Quando coloquei que o processo da vida está associado a uma crescente complexidade dos seres vivos, podemos supor que exista por detrás de todo este mecanismo uma intenção bem definida.

    – E que intenção seria esta? – perguntei.

— Esta intenção está relacionada a uma necessidade da vida, da inteligência criativa presente e latente em nós, de se tornar plenamente consciente de si mesma em todos os seus aspectos e nuances, como falei anteriormente para vocês. É uma necessidade que só se tornou possível de ser alcançada por meio do ser humano em função do processo da autoconsciência, o que nos permitiu ter a percepção de algo externo que está sendo vivido e experimentado, juntamente com a sensação de alguém que está vivendo e experimentando.

— Estão me acompanhando? — perguntou o Professor.

— Perfeitamente — respondeu Joana.

— Na realidade — continuou ele —, é a própria vida ou consciência que está manifestando-se tanto por meio do observador, como por meio daquilo que é observado e experimentado. E é justamente esta dupla possibilidade de percepção, interna e externa, que nos permite revelar o nosso potencial latente. Isto significa que, para que este processo ocorra, necessitamos manter a consciência de nós mesmos, enquanto que ao mesmo tempo vivemos as experiências externas e vamos percebendo tudo aquilo que vai apresentando-se e revelando-se em nosso interior em função dos estímulos recebidos por meio delas. Esta intenção de se tornar consciente de si mesmo, que é um processo subjacente que está ocorrendo de forma constante e contínua, é o que está impulsionando-nos e gerando a necessidade de desenvolver novos níveis de percepção e consciência. A cada instante, portanto, somos pressionados tanto pela necessidade de colocar nosso foco e atenção no exterior para lidarmos com as conquistas, realizações e preservação do que já obtemos e desenvolvemos, como também pela necessidade de conscientização e expressão da totalidade e plenitude de nós mesmos, que é um impulso que se origina em nosso ser verdadeiro. Por meio de cada um de nós, de nossa própria vida, de nossa maneira particular e especial de ser, de viver e de atuar, estamos tornando-nos conscientes de nós mesmos, embora em última instância por meio de nós seja a própria vida quem está tornando-se consciente de si mesma.

– E como este processo ocorre em nós, Professor? – perguntei.

– A cada momento recebemos impressões que nos chegam por meio dos nossos sentidos. Em função disso, produzimos estímulos internos e nosso cérebro juntamente com nossa mente criam diferentes alternativas e possibilidades de respostas a eles. Como temos um sem-número de condicionamentos, crenças e padrões já preexistentes, como vimos, e principalmente pela dificuldade ou incapacidade de manter a atenção e presença, acabamos tomando atitudes e fazendo escolhas com base naquilo que costumeiramente escolhemos. Por isso mesmo, nossas situações de vida refletem e estão relacionadas às crenças, padrões, atitudes, opiniões, sentimentos e idéias que possuímos, que formam uma espécie de estrutura invisível que influencia, mantém e determina nossas experiências e o que efetivamente estamos atraindo e vivenciando. Por isso, tornamo-nos repetitivos e reativos. Não há nada fora de nós mesmos que não exista ou esteja acontecendo internamente. E as respostas que damos desta forma usual aumentam e reforçam a probabilidade de sua repetição num momento futuro, o que faz com que nos tornemos tão identificados com esses padrões que acabamos não percebendo as demais alternativas. Este mecanismo é o que nos aprisiona e nos mantém limitados em relação à manifestação do nosso potencial verdadeiro. Ao fazermos nossas escolhas, de uma forma condicionada ou não, criamos a possibilidade de que algo se manifeste e se realize. Projetamo-las no exterior e atraímos, como conseqüência, situações e experiências que irão ser efetivamente vividas. Somos nós mesmos, portanto, que criamos nossa própria realidade de vida e, por isso, necessitamos ter mais consciência dos pensamentos e sentimentos, bem como das ações que geramos no mundo, assumindo-as e responsabilizando-nos por elas, pois se trata de criações nossas.

— E qual seria a diferença em termos do processo de escolha das possibilidades se pudéssemos estar efetivamente presentes? — perguntou Joana.

— Quando isto ocorre — respondeu o Professor —, a escolha ou seleção de uma possibilidade poderá acontecer não como resultado de um processo meramente condicionado, mas sim por uma inspiração ou por uma nova compreensão oriunda de nosso ser verdadeiro, que ocorrerá como resultado da conexão que podemos cada vez mais gerar em função da nossa capacidade de presença. Desta forma, ao recebermos um estímulo, poderemos responder a ele já não mais baseados apenas em condicionamentos prévios, mas numa percepção mais ampla.

– Ficou um pouco mais claro agora? – perguntou o Professor.

– Ficou sim – respondeu Joana. – Sua explicação foi mais ampla e me permitiu compreender melhor todo este processo.

– Também posso dizer o mesmo – respondi.

– Tudo o que estamos vivendo aqui – disse Joana –, está provocando uma mudança em mim mesmo. Aos poucos ela está tornando-se cada vez mais forte e consciente.

– Sentimos – coloquei –, talvez como nunca nos tenha sido possível experimentar antes, que estamos realizando muito mais do que um simples processo de entrevistas.

– O fato de podermos estar aqui – continuou Joana –, de este encontro ter acontecido, certamente está produzindo um efeito do qual ainda não temos uma percepção mais ampla.

– Na realidade – colocou o Professor –, no mundo quântico as coisas só acontecem quando os encontros ocorrem. Nada é independente dos relacionamentos, pois são eles que permitem que as coisas aconteçam de uma forma e não de outra. Determinados ambientes, lugares e pessoas, permitirão que alguns aspectos, características ou potenciais de nós mesmos sejam evocados e ressaltados, enquanto que outros não. Em cada contato estamos sendo os mesmos, embora de alguma forma, dependendo das pessoas envolvidas e de como estamos participando, estejamos também sendo novos e diferentes. É isto o que está acontecendo justo agora com nós três. O fato de estarmos aqui, de vocês serem como são, de terem ouvido tudo o que falei e do estímulo que me foi criado de poder expressar todos esses pontos, tornou-nos diferentes pelas trocas e por todas as percepções que este encontro provocou em nós. E isto é algo que foi vivido e, portanto, é irreversível. Quando sistemas quânticos se encontram, o que pode estar representado pelo contato ou convívio de uma ou mais pessoas, a maior parte de cada uma delas permanecerá constante e igual. Mas alguns aspectos poderão mesclar-se e fundir-se originando sistemas novos que têm suas próprias características e identidade, e que passarão a existir a partir daí, afetando e influenciando cada uma delas de outras formas.

Ficamos pensativos por uns instantes até que o Professor, olhando seu relógio, interrompeu-nos sugerindo que iniciássemos nosso retorno. Tínhamos uma longa descida de volta que poderia não exigir tanto esforço como na subida, mas certamente outra atenção e cuidado. Antes de começarmos a descer, ficamos ainda um tempo observando a paisagem que dali de cima podíamos ter.

Caminhamos um bom tempo praticamente em silêncio, com exceção apenas de alguns comentários sobre algo relacionado aos lugares ou à trilha por onde passávamos. Até mesmo Jollie caminhava assim. Já não tinha a mesma ânsia de se embrenhar na mata. Andava na frente, cheirando de vez em quando alguma coisa e olhando ocasionalmente para trás como para se certificar de que a seguíamos. Por duas vezes paramos para um pequeno descanso. Vinha pensando em como o processo da vida se assemelhava a todo esse trajeto que estávamos fazendo. Ora subíamos necessitando fazer um esforço maior e consumir mais energia, obrigando-nos a pequenas paradas para recuperar o fôlego, ora descíamos e tínhamos de caminhar com mais cuidado para não escorregar em alguma pedra nem tropeçar numa raiz. Quando a trilha se tornava mais fechada, precisávamos ter mais flexibilidade e fazer diversos movimentos para passar entre os galhos e os cipós que caíam. De vez em quando, podíamos apreciar uma paisagem especial ou desfrutar de um banho de cachoeira. Eram inúmeras coisas, embora o mesmo percurso, dependendo de quem o fizesse e de como o estivesse fazendo, talvez fosse completamente diferente. Em vez de momentos de prazer e de compreensão relacionados a cada experiência e situação, os obstáculos e as dificuldades poderiam estar sendo vistos como motivo para aborrecimentos ou chateações, provocando sentimentos de irritação e perturbação e reforçando e mantendo os padrões costumeiros. Tudo dependeria da intenção, do entendimento e da aceitação de quem estivesse vivendo. Cada um de nós, como várias vezes o Professor nos colocou, é que pode dar sentido às próprias experiências. O significado que podemos dar a elas é que nos permitirá viver cada uma de uma determinada forma e não de outra, já que intrinsecamente falando cada situação ou estímulo é desprovido de valor. São nossas atitudes e crenças internas que as transformam numa experiência de prazer e alegria ou numa experiência de sofrimento e dor, e por isto mesmo o trabalho sobre nossas percepções é tão fundamental.

Demoramos um pouco mais no caminho de volta. Chegamos ao estacionamento no parque quase ao final da tarde. Havia bem mais movimento. Pessoas caminhando, algumas comendo nos bancos e mesas sob as árvores, outras deitadas no gramado ou lendo um livro encostadas numa árvore. Colocamos nossas coisas no carro e lentamente nos dirigimos de volta ao chalé do Professor. Sentia-me bem cansado. Joana também me disse o mesmo. Apenas Jollie ainda tinha energia de sobra, pois quando chegamos saiu do carro e correu de um lado para o outro, talvez para demonstrar sua alegria com o passeio. Pulava seguidamente no seu Paulo, que veio ajudar-nos a descarregar as bagagens. Entrei no chalé e fui para meu quarto. Já começava a esfriar bastante. Tomei uma boa ducha e vesti uma roupa confortável e quente.

Ao retornar à sala, vi que a mesa do jantar já estava pronta. Percebi que tinha muita fome. Como sempre os aromas eram bastante convidativos, o que me fez sentar e comer com muito prazer. Acho que o banho havia produzido um bom efeito em nós, pois estávamos bem falantes e comunicativos. Dona Marta havia preparado uma lasanha com proteína vegetal e a comemos juntamente com uma salada de rúcula. Havia também pequenas torradas e uma pasta de ricota com alho. Ao final comemos torta de maçã, que era uma das especialidades dela.

Após o jantar, como sempre fazíamos, ficamos conversando um pouco em torno da lareira que estava bem convidativa. Seu Paulo havia usado madeira de eucalipto, e podíamos sentir um pouco de seu aroma que se espalhava pela sala. Conversamos por cerca de uma hora revendo um pouco os lugares por onde havíamos caminhado. Joana havia gravado as fotos em nosso notebook, e pudemos apreciá-las juntamente com o Professor. Projetou também algumas partes do que havíamos filmado.

Eram aproximadamente onze horas quando fomos nos deitar. Combinamos de encontrar-nos no dia seguinte apenas para um pequeno exercício de integração e silêncio antes do desjejum.

8

O trabalho no nível mental
A capacidade de atenção e presença

Deitei-me na cama, mas apesar do cansaço não adormeci logo. Fiquei ainda um tempo revendo nossa caminhada e as experiências e percepções deste dia. Cada vez mais as coisas iam tomando um sentido maior para mim, o que me permitia desenvolver um entendimento e uma percepção mais clara de todo este modelo de vida que o Professor estava apresentando-nos.

Lembrei-me do que ele nos falou quando estávamos apreciando a paisagem, sobre a visão mais ampla e o alcance que podemos ter de toda uma região por estarmos no alto de uma montanha. Obviamente poderemos perceber coisas que de baixo não podemos visualizar com a mesma amplitude. Da mesma maneira quando compreendemos o sentido e o propósito da vida e da nossa própria vida, teremos também outras possibilidades e outra forma de viver e lidar com cada situação e experiência de nosso dia-a-dia. Recordei-me também do que ele nos havia colocado sobre o potencial adormecido de nosso hemisfério cerebral direito. Percebi claramente de acordo com o que o Professor nos havia colocado que só poderíamos desenvolvê-lo na medida em que nos abríssemos para estas novas possibilidades de ver e entender a vida, assim como seu mecanismo, sentido e processo. E me dei conta também de que certamente os exercícios de meditação também deveriam ser muito importantes neste sentido. Adormeci lentamente envolvido com estas reflexões.

Acordei muito bem disposto. Ao levantar-me da cama, percebi que meu corpo doía um pouco mais, especialmente nas pernas e na região dos quadris. Mas nada que tirasse ou diminuísse minha disposição.

Cheguei à varanda um pouco depois do Professor e de Joana. Sentamo-nos os três e, por cerca de meia hora, ficamos ouvindo algumas músicas que o Professor havia colocado, procurando apenas observar o que estava ao nosso redor e buscando ficar mais atentos ao próprio processo de observação do que aos nossos pensamentos. Era sempre algo singular estar nesse lugar e vivenciar essa experiência. Gostava especialmente do canto ritmado e meio melancólico do sabiá-laranjeira. Era um som que estava registrado e impregnado em minha alma, pois o havia ouvido em muitos e distintos momentos de minha infância e adolescência.

— Como vocês estão se sentindo? — perguntou o Professor assim que terminamos.

— Sinto-me muito bem — respondeu Joana. Um pouco ansiosa com relação a tudo o mais que ainda iremos ouvir, pois para mim é como se fosse uma longa história que vamos recebendo em capítulos. E quero saber como serão os próximos.

— Também me sinto assim — respondi. — Tenho passado uma parte das noites antes de adormecer revendo sinteticamente o que ouvimos de dia. Cada coisa nova que percebo, assim como um entendimento mais claro de algum ponto, estão permitindo-me montar aos poucos um grande quebra-cabeça que venho tentando armar.

—Vejo que vocês acordaram mais inspirados — comentou o Professor.

— E como continuaremos hoje? — perguntou Joana.

— Hoje iremos ver, dentro da parte do modelo que corresponde ao plano mental, algo que considero essencial em todo este trabalho de consciência, que é o desenvolvimento da capacidade de atenção e presença. Conversaremos bastante sobre este ponto, pois existem vários conceitos e percepções que creio serem importantes para uma compreensão adequada do que ele representa efetivamente.

— Mas vamos comer antes — colocou ele. — Assim que terminarmos e vocês prepararem seus equipamentos e material poderemos recomeçar.

Eram aproximadamente nove horas quando reiniciamos os trabalhos. Fizemos alguns minutos de silêncio interior para nos centrarmos. O Professor parecia especialmente motivado, o que transparecia em sua postura e especialmente no brilho maior de seus olhos. Chegou inclusive a comentar algo sobre isso.

– O que vamos abordar agora não são pontos desconhecidos de vocês, pois já tivemos oportunidade de falar alguma coisa sobre eles em vários momentos ao longo destes dias. Mas acho importante ressaltar alguns aspectos com um pouco mais de cuidado e de detalhes.

– Todos nós seres humanos – continuou o Professor – em função do processo da fragmentação fomos levados de uma forma ou de outra a desenvolver uma identidade, um referencial, que nos servisse como suporte e estrutura em nossa vida, que é o que acontece o tempo todo na vida de cada um de nós desde os primeiros anos de existência. Em função de vários fatores, mas especialmente pela influência da cultura e de diversos padrões que nos afetam a todos num sentido coletivo, fomos estimulados a buscar esta identidade por meio das nossas conquistas e realizações no mundo exterior. Esta identidade ou referencial, como já lhes disse antes, torna-se em função disto dependente desses fatores externos e, ao mesmo tempo, também está sujeita a uma série de constantes ameaças de um sem-número de elementos que, de uma forma real ou imaginária, podem ameaçá-lo. Isto fez com que nos projetássemos no mundo exterior de uma forma tensa e ameaçada, ora numa atitude de competição e conquista, ora numa postura de defesa do que já foi conquistado e obtido.

– Foi o que favoreceu ainda mais o aumento desta divisão e fragmentação – colocou Joana.

– Exatamente – respondeu o Professor. – E a vida tornou-se para a grande maioria um processo de busca de novas e maiores metas e alcances, numa tentativa constante de experimentar segurança e prazer em suas diversas formas e aspectos. E os afazeres e os processos da rotina diária tornaram-se o cenário principal para isto. E enquanto as novas conquistas não são alcançadas e os sonhos sejam eles quais forem ainda não se realizaram, a vida transforma-se numa enorme busca e expectativa. Quando algo é alcançado e percebemos que não nos permitiu preencher o vazio de ser, outro desejo aparece, e mais uma ilusão se cria numa nova tentativa de alcançar outra coisa num futuro próximo ou num momento mais adiante, e o processo continua. Desta forma transformamos nossa vida nesta contínua atitude de busca e de espera de algo que virá ou poderá vir em outro momento que não aquele que estamos vivendo, e substituímos nossa realização verdadeira como seres humanos por esta constante ânsia de ter.

– A maior conseqüência desse processo, dentre várias outras – continuou o Professor –, foi a perda praticamente total da capacidade de presença e envolvimento naquilo que estamos vivenciando e experimentando. Por estarmos praticamente o tempo todo ou voltados para o passado, recordando experiências que nos trouxeram prazer ou algum tipo de realização, ou então projetados para o futuro, na expectativa de algo que poderemos obter e que ainda não alcançamos.

— E o que esta dificuldade de presença acarretou? — perguntou-nos o Professor.

— Acho que foi a tendência de respondermos às oportunidades que a vida nos proporciona a cada instante, de uma maneira reativa e repetitiva, com base nos padrões e crenças que adquirimos — coloquei.

— E o que isto gerou? — tornou a perguntar ele.

— O que isto provocou — respondeu Joana —, de acordo com o que compreendi, foi a dificuldade de expressão do nosso potencial, justamente pelo fato de respondermos aos novos estímulos que recebemos desta forma quase sempre condicionada.

— Sem tomarmos consciência — agreguei — daquilo que efetivamente somos, do nosso ser verdadeiro como o senhor coloca.

— É exatamente isto — respondeu ele.

— E qual o trabalho inicial para podermos conseguir modificar isto? — perguntei.

— Em função de todo este processo, o referencial humano que criamos, que é a nossa personalidade, tornou-se a parte efetivamente ativa. Nosso ser verdadeiro como resultado tornou-se passivo, ou seja, ficou em segundo plano sem praticamente possibilidade alguma de manifestação e expressão. Nosso estilo de vida voltado para o processo da sobrevivência em todos os seus aspectos, juntamente com o desenvolvimento desta identidade oriunda do exterior, mantêm esta relação desta forma. Se pudermos seguir e vivenciar um modelo ou um método de trabalho que tenha uma constância e uma continuidade, poderemos criar as condições para inverter isto. Esta modificação ocorrerá como uma espécie de deslocamento do nosso centro de gravidade da personalidade e da identidade pessoal para nossa essência e natureza real. Obviamente isto não quer dizer que iremos abandonar nosso próprio referencial humano, já que é fundamental sua formação e fortalecimento, que é algo que sempre precisará continuar a existir por ser inerente ao processo da consciência de si mesmo. A mudança a que me refiro é apenas do foco de nossa vida, que passará a estar muito mais no processo da consciência e realização verdadeira como seres humanos do que na mera sobrevivência e realização no mundo exterior.

— Poderíamos dizer — colocou Joana — que esta mudança representa uma parte essencial do trabalho de consciência?

— Com toda a certeza — respondeu o Professor. — Nossa grande obra consiste na transformação de um ser humano externamente direcionado para outro, que atua e vive no chamado mundo exterior, o que evidentemente é fundamental, já que é no plano humano que temos as possibilidades de vivenciar nosso processo de consciência, mas que passa a ser cada vez mais orientado e inspirado por seu lado interior. E que possui também uma consciência mais clara do sentido e propósito da vida e de sua própria vida. No nosso estado e condição normais de atuação e existência, estamos praticamente adormecidos, ignorando o que efetivamente somos e inconscientes, do sentido e da razão maior de estarmos aqui neste mundo. Portanto, o que nos cabe é criar as reais condições de podermos sair desse estado de inconsciência, percebendo e permitindo que nossa vida e parte humana, com todos os seus aspectos e componentes, passem a funcionar como o veículo desta transformação, já que é em nós mesmos que se encontram todos os elementos para podermos realizar isto.

— Este processo teria alguma relação — coloquei — com o que conhecemos como alquimia?

— A alquimia nada mais é do que a capacidade de passarmos a produzir determinados elementos pelo estímulo adequado e correto da química oculta em nossa própria biologia. Isto requer um processo de lenta atuação, que ocorre por meio da ativação do nosso sistema glandular e do nosso sistema nervoso em níveis muito além dos que normalmente utilizamos e experimentamos. Trata-se de um processo coordenado por nosso cérebro e por nossa inteligência maior. É exatamente isto que o sistema Yoga proporciona, juntamente com o trabalho no nível físico e emocional, como colocamos anteriormente.

— Lembro-me — falou Joana — que no processo alquímico havia a utilização do fogo como elemento de transformação.

— O fogo — respondeu o Professor — está representando o uso de nossa própria energia, que será utilizada como uma espécie de combustível para manter este processo em funcionamento pelo período de tempo que for necessário. Você talvez se lembre também de que neste caminho alquímico estava envolvida a própria presença e atuação do alquimista, lentamente mexendo e movimentando a mistura alquímica num processo que exigia tempo, paciência, perseverança e dedicação. Estas características estão intrinsecamente associadas à capacidade de atenção e presença. E nisto reside uma grande chave. Todo este mecanismo, para que possa produzir seus efeitos e permitir uma efetiva transformação bioquímica em nós mesmos, exige e pressupõe nossa dedicação, disciplina e esta capacidade de presença e envolvimento.

— A alquimia — coloquei —, também não estava relacionada com a pedra filosofal e a transformação do chumbo em ouro?

— Na realidade não se trata da busca de algo que venha a transformar o chumbo em ouro. O que isto representa em síntese é a modificação de energias mais básicas e instintivas representadas pelo chumbo, em outras muito mais finas e de maior qualidade e freqüência representadas pelo ouro. Este processo alquímico é o que efetivamente queremos que aconteça em nós. À medida que ele vai ocorrendo, nossa qualidade e consciência vão aumentando muito, facilitando o contato com nosso ser verdadeiro e a capacidade e possibilidade de sua manifestação e expressão por meio da nossa parte humana.

— Ainda há pouco — colocou Joana — o senhor nos falou sobre a necessidade da mudança de foco entre o exterior e o interior, entre nossa identidade pessoal e nosso ser verdadeiro. Isto está relacionado a algum tipo de renúncia?

— Esta mudança de foco — respondeu o Professor — não está relacionada à necessidade de realizarmos mudanças externas em nossa vida, nem a renunciar necessariamente a nenhuma coisa no sentido material. O que está em jogo é uma mudança de foco e de atitude, que irá levar-nos cada vez mais a poder viver nossa vida e as experiências relacionadas a ela a partir de um novo referencial, que é o nosso centro interior, como lhes disse antes. O que estamos buscando agora é perceber como nosso cotidiano, com tudo o que se relaciona a ele, pode constituir-se no próprio mecanismo e meio de exercitarmos e desenvolvermos continuamente este novo foco e referencial, bem como esta capacidade de conexão.

— Mas — perguntei — por que é tão importante esta mudança de foco e atitude?

— Nosso ser verdadeiro, apesar de todo o seu enorme potencial que é nosso obviamente, embora ainda não consciente, não tem como se expressar, digamos assim, nem atuar em nossa vida humana se nós mesmos não prepararmos o caminho, nem nos prepararmos para que isto ocorra. Esta preparação, essencialmente falando, é o que estamos buscando alcançar por meio do processo alquímico e pela vivência de um método como este que venho apresentando aqui. À medida que vamos desenvolvendo nossa capacidade de presença, estamos agregando um elemento fundamental a este processo. Quando estamos presentes, toda a consciência que já possuímos e tudo o que já sabemos de nós mesmos, bem como todo o potencial latente e não consciente, passam a estar efetivamente disponíveis para sua percepção e expressão. E estabelecemos assim uma espécie de canal, fluxo ou veículo, por meio do qual nosso ser essencial estabelece uma aproximação com nossa parte humana. Como resultado, permitiremos que o processo alquímico possa ocorrer em níveis mais profundos. Por isso lhes coloquei, de início, que nosso trabalho era o de criar as condições para superar o que dificulta e impede que este fluxo se estabeleça e se mantenha, bem como para ampliar e desenvolver o que poderá facilitá-lo. Qualquer método que venhamos a utilizar em nosso processo de desenvolvimento em consciência precisa contemplar essas possibilidades, que estão relacionadas à superação de hábitos inadequados de vida, à modificação de crenças, padrões e atitudes que nos limitam, ao desenvolvimento de uma higiene adequada, a termos um cuidado maior com nosso corpo e alimentação, bem como no desenvolvimento gradativo de novos níveis e freqüências energéticas, que é o que iremos conseguir pelo sistema Yoga.

– E já que estamos falando em Yoga, sugiro que realizemos nossa prática. Com uma compreensão maior de sua importância em todo este processo, certamente poderemos ter outra qualidade em sua realização.

Deixamos nossos equipamentos na varanda e fomos preparar-nos para a prática. O Professor sugeriu que a fizéssemos sob os pinheiros. O sol não estava forte e a esta hora não fazia muito frio.

Quando retornei, o Professor já havia levado os colchonetes para lá. O chão era plano, o que facilitava a realização das posturas. Fizemos algumas posições novas mais fáceis de serem realizadas e terminamos com um exercício de relaxamento. Levantei-me com outra energia e com muita fome também. Caminhamos lentamente de volta, deixando os colchonetes na varanda antes de entrarmos para almoçar.

Dona Marta sempre nos surpreendia. Acho que no fundo estava tentando fazer isto, pois eu costumeiramente elogiava o que ela fazia. Havia feito arroz, feijão preto, que tinha um aroma muito especial de alho, farofa com ovos, couve à mineira, proteína vegetal refogada com tomate e muita salsa, e abóbora assada no vapor. De sobremesa havia sorvete de creme. Tomei novamente umas duas xícaras de chá de boldo com hortelã para estimular a digestão de tudo o que havia comido.

Retornamos no meio da tarde. Desta vez demoramos menos tempo para reiniciar os trabalhos, pois havíamos deixado todo o equipamento montado na varanda.

— Gostaria de perguntar-lhe, Professor — falou Joana —, com base no que o senhor nos colocou de manhã, como ocorre realmente a atuação de nosso ser sobre nós?

— Vocês certamente se lembrarão quando conversamos sobre os princípios quânticos do que lhes falei sobre o efeito da observação. De certa forma tudo aquilo em que colocamos foco e tudo o que observamos modificam-se pelo próprio ato da observação em si. Quando estabelecemos um contato com nosso ser verdadeiro, é como se estivéssemos permitindo que um processo de observação da parte mais profunda e elevada de nós mesmos possa acontecer em relação ao nosso humano. Esta observação direta de nós mesmos tem o efeito de modificar-nos irreversivelmente. É um mecanismo que também está associado ao fogo lento e constante da alquimia, já que esta mudança, resultado do processo da observação, efetua-se de uma forma lenta, sutil e gradativa. Mas que pode ser mais constante se pudermos e soubermos como criar e manter estes momentos de conexão. Assim como uma agulha torna-se imantada quando a colocamos em contato com um imã, ficamos também como que magnetizados e impregnados da energia e da freqüência de nosso ser sempre que nos alinhamos com sua presença. Este efeito permanece por algum tempo e depois se desfaz, e por isto mesmo é necessário o fogo lento, ou seja, a continuidade do processo para que seu efeito possa ir tornando-se mais duradouro. Nosso veículo humano desta forma vai transformando-se numa espécie de um poderoso dínamo em forma viva. E esta energia concentrada e acumulada, juntamente com o resultado e efeito das mudanças relacionadas à vivência das demais partes do método, é que estimularão a produção de determinadas substâncias bioquímicas que, no seu conjunto, atuarão e provocarão esta incrível transformação que poderá acontecer em nós.

— Imagino Professor — colocou novamente Joana — que o desenvolvimento desta capacidade de presença deva exigir uma grande quantidade de energia.

— Por isso mesmo — respondeu ele — é que vivendo nas condições ordinárias e comuns de vida e sujeitos a todo um conjunto de situações que nos estressam e esgotam, teremos mais dificuldades de alcançar e viver esta transformação. Novamente, isto não quer dizer renunciar à vida comum, mas em saber como transformar nosso cotidiano e tudo o que se refere a ele num processo de constante atuação e trabalho sobre si mesmo. O que significa de uma forma bem clara e explícita viver e atuar no mundo atendendo a todas as exigências e demandas que a vida e o processo da sobrevivência fazem sobre nós, enquanto que ao mesmo tempo vivenciamos nossa transformação e processo de consciência, que é algo que a maioria dos seres humanos ainda não foi capaz de conceber e de realizar, o que torna este processo ainda mais complexo para eles mesmos. Para podermos efetivar este trabalho, será necessário um aprendizado relacionado à própria energia, que é algo que o modelo que seguirmos também nos deverá apoiar. Se tivermos menos energia, nossa unidade de consciência será menor, e menor também será nossa coerência. Quando estamos doentes ou esgotados, física, emocional ou mentalmente, ficamos meio entorpecidos e incapazes de uma capacidade de atenção. Nos processos quânticos a escolha de uma determinada possibilidade, bem como sua capacidade de realização, está inerentemente relacionada à quantidade de energia disponível. Ao vivermos nossa vida a partir de um estado de baixa energia, tudo irá parecer meio apagado e sem vida. Somente quando a recuperamos poderemos sentir-nos mais motivados e inspirados, e o mundo e a vida terão outras cores, tornando-nos mais capazes também de apreciar a beleza ao nosso redor e de poder dedicar-nos a todo este caminho e processo. Nossa energia é ampliada por nossas intenções e motivações e pela aplicação de nossa vontade pessoal. Tudo o que pensamos, sentimos e dizemos, necessita de energia e força vital.

Quando nos recriminamos, quando julgamos ou quando nos permitimos ter pensamentos e sentimentos não positivos relacionados tanto ao passado como ao presente e futuro, drenamos e perdemos muita energia. Por isso mesmo é tão importante a capacidade de vigiar e observar o que recebemos e o que se passa em nós, para podermos perceber o que estamos permitindo que entre em nosso espaço interior e para sermos capazes de modificar o trajeto relacionado aos circuitos neurais já estabelecidos.

– Isto quer dizer então, Professor – coloquei –, que a possibilidade de fazermos uma escolha num determinado momento está relacionada à nossa própria energia?

– Exatamente – respondeu ele. – Quanto mais energia houver e quanto maior for sua qualidade, seremos muito mais livres para fazermos novas escolhas. Ou para tomarmos decisões diferentes daquelas mais condicionadas e repetitivas que usualmente fazemos, pois normalmente são as que necessitam de menos energia por serem mais automáticas, já que estão relacionadas a hábitos e padrões já existentes. As escolhas feitas desta forma na realidade estão aliviando-nos da responsabilidade de realizarmos escolhas efetivamente conscientes, que poderiam levar-nos e propiciar-nos novas experiências e oportunidades relacionadas à vivência das novas possibilidades percebidas.

– Nossa alimentação – colocou Joana – também interfere em nossa energia?

– Com toda a certeza – respondeu o Professor. – Nossa alimentação nutre e sustenta o corpo físico e também nosso sistema nervoso. Todos os elementos deveriam contribuir para manter nosso sistema nervoso num nível otimizado de funcionamento, pois isto favorecerá em muito nossa capacidade de presença. Se comermos alimentos inadequados ou em demasia, se respirarmos um ar impuro ou se não tivermos um equilíbrio entre as atividades e o repouso, afetaremos nosso corpo e nossa rede nervosa, e dificilmente poderemos atingir níveis mais profundos de contato.

– E o que poderemos fazer, Professor –, perguntou Joana –, para exercitar nossa capacidade de presença?

– Poderemos exercitá-la – colocou ele – justamente pelos exercícios e pelas técnicas de meditação ou de silêncio interior. Nossa natureza humana e nossas atividades de vida nos mantêm tensos, agitados e desatentos. Na medida em que praticarmos os exercícios de meditação, que é algo que precisa ser realizado com regularidade, criaremos momentos nos quais uma conexão maior poderá ser estabelecida com nosso ser verdadeiro. De início serão apenas uns poucos instantes, mas com a continuidade irão aumentar, assim como também os efeitos desta conexão, que poderão manter-se durante um tempo após termos terminados os exercícios. Também poderemos utilizar a capacidade de respirar com consciência e um pouco mais profundamente, que é algo que pode ser feito em qualquer momento, bastando apenas que nos lembremos de fazer isto. Quando respiramos desta forma, trazemos nossa atenção para o que estamos vivendo e criamos uma maior possibilidade de ligação interior.

— Existem mudanças no nível físico que podem ser constatadas durante a prática? — perguntou novamente Joana.

— Certamente — respondeu o Professor. — Vários pesquisadores puderam verificar isso. Quando meditamos, geramos as chamadas ondas alfa, que produzem uma sensação inicial de relaxamento, como também uma diminuição do ritmo cardíaco e respiratório e do metabolismo do corpo.

— Como a meditação atua em nós? — perguntei.

— Com sua prática regular vamos desenvolvendo um novo nível de atividade, de qualidade e integração entre os hemisférios de nosso cérebro, facilitando o estabelecimento de uma nova organização cerebral que irá refletir-se em todo o corpo. Desenvolveremos uma capacidade de podermos estar relaxados no físico, mas extremamente presentes e atentos no nível de nossa mente. É como se fosse um estado de uma vigília profunda que nos vai permitindo perceber e manter o silêncio interior. Quando nossa percepção sensorial diminui, podemos experimentar mais facilmente nosso ser interior, pois estaremos além do campo relativo dos sentidos e percepções humanas. Estes instantes representam os pontos nos quais a eternidade e o tempo, o transcendente e o humano, o sagrado e o profano, realmente se encontram. Nestes momentos do nosso presente de vida, poderemos experimentar a verdadeira liberdade de ser e de poder decidir, escolher e fazer o que quisermos. Não teremos mais que perpetuar o que nos aconteceu num passado, nem criar um futuro igual ao que já passou e já se foi. Aos poucos nossa mente irá acostumando-se, familiarizando-se e incorporando este novo estado. E poderemos manter-nos e permanecer num nível de consciência e de percepção muito mais elevados, sendo capazes de realmente experimentar a natureza de nosso ser eterno e essencial enquanto vivemos e estamos envolvidos no campo e no mundo da existência humana e relativa. É desta forma que manifestaremos em nossa vida a qualidade e a grandeza de nosso ser, preenchendo cada situação e experiência com a inteligência, criatividade, beleza, categoria e magnificência de nosso ser. É isto que efetivamente significa viver com excelência, pois estaremos fazendo uso total daquilo que nos caracteriza e distingue como seres humanos, expressando nossa plenitude e dignificando nossa própria existência.

9

As fases e características do processo da consciência

Despertei bem cedo, mas não me levantei da cama. Coloquei uma segunda almofada sob a cabeça e passei um bom tempo pensando e refletindo sobre o que estava vivendo aqui, em especial sobre o que havíamos ouvido e partilhado no dia de ontem. Havíamos feito uma meditação bem especial depois dos nossos trabalhos, certamente inspirados pelo que o Professor nos dissera sobre o silêncio, bem como sobre o contato com nosso ser verdadeiro. Percebia que em função desta mudança algumas coisas começavam a ser diferentes em termos de sentido e importância que elas passavam a ter para mim, mesmo considerando o pouco tempo em que aqui estávamos. Quando me recordava da forma que vivia e das coisas que fazia, sentia que muitas delas não poderiam continuar como eram antes. Ao mesmo tempo em que esta sensação me provocava um incômodo, também me gerava um estímulo novo e até mesmo uma vontade de começar a viver de outra forma.

Possivelmente incorporando em meu cotidiano algumas das técnicas e dos princípios que havíamos recebido e ouvido do Professor. Ia ficando cada vez mais claro para mim, e tenho certeza de que para Joana também, a importância do que iríamos criar por meio do material que estávamos produzindo em nossas entrevistas com o Professor. Poderia servir como um meio para que outras pessoas pudessem também perceber novas possibilidades de como viverem sua vida, baseada numa compreensão mais ampla do sentido da própria vida como delas mesmas.

Ouvi ruídos que vinham de fora e imaginei que fossem do Professor e de Joana que já poderiam ter despertado. Levantei-me rapidamente e preparei-me para começar o dia.

Fizemos nossos exercícios na varanda. Já tinha mais facilidade em executá-los. Ao terminamos, realizamos o exercício de harmonização e depois fomos tomar nosso desjejum que já estava pronto na sala. Comemos bem animados e dispostos e, logo em seguida, Joana e eu fomos preparar nosso espaço na varanda para reiniciarmos nossos trabalhos.

Eram pouco mais das nove horas quando recomeçamos. Fizemos nosso momento de silêncio para nos centrarmos, como era o costume do Professor.

— Professor — colocou Joana —, gostaria de fazer-lhe uma sugestão.

— Pois então faça — respondeu ele.

— Ontem à noite após o jantar, Matheus e eu ficamos um bom tempo organizando nosso material e anotações, pois foram muitos conceitos e muitas coisas que ouvimos nestes dias. Sentimos necessidade, até para facilitar o material que iremos produzir, de que o senhor nos falasse um pouco sobre as etapas que uma pessoa poderá experimentar ao vivenciar o processo de consciência de si mesma.

— Achamos — coloquei — que, como o senhor já nos apresentou o modelo de trabalho relacionado aos três planos da natureza humana, ter uma idéia dessas etapas será muito importante para organizarmos melhor nosso trabalho.

— Pois então faremos isto — respondeu o Professor. — De certa forma eu iria mesmo abordar algo relacionado a esse processo, mas poderemos fazer de uma forma mais direcionada como vocês estão sugerindo.

— A maneira e a forma específica do caminho da consciência ser efetivamente vivido — continuou ele — obviamente é algo que depende de cada pessoa, mas apesar disto podemos identificar algumas características e etapas que são mais ou menos comuns e semelhantes a todos.

— E quais seriam elas? — perguntou quase que imediatamente Joana.

– A primeira dessas etapas – respondeu o Professor – é a que poderíamos chamar de desenvolvimento e fortalecimento do nosso ego. Como já vimos anteriormente, o processo de nos tornar seres individuais implicou numa separação que gerou o sentimento de fragmentação ou de divisão interior. Esta experiência, que acabou sendo uma espécie de trauma original, provocou em nós sentimentos de medo, solidão e desorientação. Nossa tentativa de lidar com isso foi a de nos lançarmos no mundo exterior em busca de uma identidade que pudesse servir-nos como um efetivo e seguro referencial de vida e na vida, o que conseguimos por meio do nosso ego. Na medida em que ele se desenvolve e se torna mais firme e mais forte, o que conseguimos por meio das realizações, conquistas e do reconhecimento que vamos recebendo, vai também cada vez mais assumindo o comando e o controle central de nós mesmos. Nosso ego está orientado essencialmente para fora, para o mundo humano e material. É um instrumento fundamental de nossa natureza que nos permite atuar, viver e nos realizar como seres humanos no mundo das formas, do tempo, do espaço, das lutas e das conquistas. Proporciona-nos uma consciência específica, focada e orientada para o processo da sobrevivência, mas embora seu desenvolvimento seja muito importante para nós, esta etapa é somente uma parte do longo caminho da consciência de nós mesmos.

— E em função deste referencial que todos buscam — coloquei — acabamos criando todo um cenário e condições associadas à vida humana e suas características de dualidade, que hoje vemos manifestadas de muitas formas, especialmente na maneira como nos comportamos e vivemos neste mundo.

— Isso mesmo — respondeu o Professor. — Desenvolvemos um modo e estilo de vida que alimenta continuamente a dualidade em nosso mundo. Ficamos tão envolvidos nos jogos e dramas relacionados a ela que passamos a acreditar que se trata da única realidade existente, e perdemos quase que completamente o sentido e o significado verdadeiro relacionados à razão de estarmos aqui. Como conseqüência desse referencial que fomos levados a criar e desenvolver e da necessidade de sua contínua validação e manutenção, tentamos demonstrar quase sempre uma atitude e um comportamento que não nascem de nós mesmos. Vivemos em função de expectativas, com medo de perder o amor, a atenção, a admiração e o respeito de outras pessoas em relação a nós, o que limita nossa própria e verdadeira expressão. E o que fica sem possibilidade de manifestação gerará angústias, desânimos, conflitos internos e perda de energia.

— E como nosso ego atua — perguntou Joana — no que se refere a esta necessidade de controlar e comandar nossa vida que o senhor ainda há pouco nos colocou?

— A partir do ponto em que nosso ego começa a governar nossa consciência, em vez de atuar simplesmente como um instrumento ou referencial a nosso serviço, nós nos tornamos completamente identificados com ele e esquecemos quem realmente somos e o que estamos fazendo aqui. Sua forma de atuação básica é a de selecionar os estímulos que recebemos com base em nossas crenças e padrões. Tenta controlar e suprimir o que supostamente não nos interessa ou o que poderia ameaçar-nos tratando de preservar-nos, mas distorcendo assim nossa realidade de vida. Ficamos presos, apegados e identificados a coisas, pessoas e situações, aborrecendo-nos e irritando-nos quando elas não acontecem do modo como queremos, gerando muito desgaste e estresse com isso. A fragmentação, ao provocar em nós diferentes medos, e esta necessidade de controle alimentaram a luta por poder. E o que este poder faz é criar uma ilusão, uma falsa sensação de força, realização e valor próprio que substituem nosso verdadeiro poder. Em vez do poder de ser, buscamos ser seres de poder.

— Este controle — continuou o Professor — não é obviamente a solução para nossas necessidades embora possa produzir e trazer-nos uma espécie de alívio e uma falsa sensação de bem-estar, pois nos alivia de algumas dores e medos por um tempo. E por isso tentamos controlar nossas respostas, atitudes e reações para evitar que deixemos de receber o reconhecimento e o cuidado de que tanto precisamos. Como estes sentimentos são relativamente falsos e efêmeros e têm uma duração curta, somos levados a continuamente buscar essas mesmas respostas de outras formas, em outros lugares e momentos, e gerando mais controles também. Em alguns momentos, mesmo quando aparentemente nossa intenção é a de apoiar alguém, prestar algum tipo de serviço ou realizar algo com um sentido mais elevado pelos demais, no fundo o que efetivamente está em jogo é esta necessidade de nos sentirmos amados, valorizados, reconhecidos e respeitados. Nosso ego trata nossos problemas e necessidades de forma superficial em vez de levar-nos de fato ao âmago das situações. Tenta resolver tudo direcionando nossa atenção e consciência para o mundo exterior, impedindo-nos assim de buscar em nosso interior o verdadeiro amor, o sentimento de confiança e segurança de que tanto necessitamos, como especialmente a consciência de unidade que podemos obter pelo contato cada vez maior com nosso ser.

– O que estou percebendo por suas colocações – falou Joana – é que esta etapa relacionada ao nosso ego tem certamente uma importância grande para nós.

– Você tem toda razão em afirmar isto – respondeu o Professor. – A etapa do processo de consciência fundamentada no ego é um estágio natural e necessário em nossa existência. Se não a vivermos efetivamente, estaremos de certa forma comprometendo nosso próprio processo de desenvolvimento em consciência, que precisa estar alicerçado nesta estrutura e neste referencial humano.

– E além do que o senhor nos falou – perguntei – existe outra contribuição que nosso ego nos estaria proporcionando?

— Eu diria que um dos pontos mais importantes que estamos aprendendo a desenvolver nesta etapa está relacionado ao uso da nossa vontade.
— E o que significa realmente o uso da vontade? — tornei a perguntar.
— A vontade, como já tinha conceituado antes para vocês, é a nossa capacidade de fazer acontecer no mundo exterior, nossos desejos, intenções e necessidades. É como se fosse uma ponte entre o que se passa em nós e o que realizamos e alcançamos externamente. De início ela está direcionada para as conquistas que poderão proporcionar-nos poder e reconhecimento. Depois, dependendo do próprio processo de consciência de cada um, poderá expressar-se inspirada por outros tipos de necessidades e realizações, relacionadas aos aspectos mais elevados e profundos de nós mesmos e a uma percepção da ligação que existe entre tudo e todos. À medida que aprendemos a utilizá-la, poderemos desenvolver nossa capacidade de disciplina, que como já abordei antes é um elemento fundamental em todo este processo. Nossa vontade é uma energia que está presente e disponível para nosso uso, tanto em nosso corpo como em nossa mente, deflagrada e acionada especialmente pelas intenções e desejos que temos e pelos sentimentos associados a elas. Independentemente do que queiramos manifestar, nossa vontade sempre será o veículo para permitir isto, embora o que estejamos tentando expressar e realizar em cada momento dependa essencial-

mente da etapa em que estivermos, ou seja, do nosso próprio nível de consciência.

– O senhor ainda há pouco nos falou sobre as intenções e os desejos. Lembro-me de já ter lido alguma coisa relacionada à necessidade de não termos desejos pelos apegos que eles nos podem causar. O senhor poderia explicar-nos melhor este aspecto, especialmente no que se refere a esta etapa mais relacionada ao nosso próprio ego?
– perguntou Joana.

– A compreensão de como atuam nossos desejos é um conceito muito importante que eu estava deixando para abordarmos hoje à tarde, mas já que você tocou no assunto agora vamos então conversar sobre ele – respondeu o Professor.

– Objetivamente falando, não podemos deixar de ter desejos nem podemos viver sem eles – respondeu o Professor. – O que necessitamos é entender sua importância e papel e principalmente aprender a como lidar com eles. Conforme já comentei antes com vocês, tudo o que algum dia poderemos ser já somos neste instante, o que significa dizer que já possuímos todas as capacidades, tipos de sentimentos e principalmente os estados de consciência que poderemos vir a expressar. O que não temos ainda é a consciência deles, que efetivamente é a razão de estarmos neste mundo, pois o plano físico e a vida humana se constituem na maneira de podermos ir conhecendo e adquirindo esta consciência. Esta é a razão intrínseca do processo da fragmentação e da dualidade resultante. Assim como necessitamos de um espelho para podermos saber como é nosso rosto, também precisaremos de espelhos, que são nossas experiências de vida, para podermos perceber o que somos e ainda não sabemos quem somos. Isto significa que só poderemos perceber-nos quando vivermos ou fizermos algo relacionado a uma experiência que nos leve a conscientizar o que anteriormente era apenas um potencial latente e adormecido esperando sua manifestação e expressão.

– Mas como nossos desejos se relacionam com todo este processo? – perguntei.

– Cada um de nós tem distintos interesses e se sente atraído por algumas coisas ou situações – colocou o Professor – que nos poderão levar à percepção de diferentes potenciais, capacidades e possibilidades para a própria vida. Em função disso teremos necessidades, sentiremos desejos, faremos escolhas e tomaremos decisões relacionadas a eles, atraindo como conseqüência experiências que, ao serem vividas, nos permitirão expressar esses potenciais. Este é o processo de sermos co-criadores da própria vida. Tudo o que somos existe apenas no âmbito da potencialidade, e somente respondendo a estas atrações e desejos que nos acenam é que poderemos efetivamente conhecer-nos. Sem eles não haveria muito provavelmente um interesse pela vida nem paixão de viver, e talvez não sentíssemos vontade de responder ao impulso de liberdade e à necessidade de ser. Quando alcançamos e satisfazemos um desejo, sentimos uma gratificação e um prazer que no fundo são uma forma e oportunidade de podermos experimentar um pouco da nossa própria luz, como também sentir uma ligação, embora ainda pequena e efêmera, com nosso ser verdadeiro. Por isto mesmo o prazer que buscamos pela satisfação de um desejo, por uma conquista ou realização alcançada ou por um reconhecimento recebido, constitui-se em tentativas, ainda que inconscientes e voltadas apenas para o mundo exterior, de experimentarmos e de termos um pequeno vislumbre dessa consciência de ser. Cada desejo cria uma espécie de diferença de potencial entre um estado ou uma condição atual e um estado desejado e ainda não alcançado. É esta diferença ou a sensação de carência ou de falta que nos mobiliza a buscar algo para satisfazê-la e preenchê-la, e a determinação que empregamos é fortalecida e diretamente proporcional à expectativa do prazer que ansiamos por experimentar. A partir daí, começaremos a atrair todo um conjunto de experiências e situações por meio das quais poderemos igualar e equilibrar a diferença inicialmente existente. Mas à medida que a carência ou o desejo inicial vai sendo satisfeito, o prazer relacionado a ele vai diminuindo na mesma proporção, e a sensação de falta e de vazio que havia sido suprida começa a surgir novamente. Evidentemente a duração do prazer alcançado depende da experiência em si, de sua importância e impacto em nossa vida, mas de uma forma ou de outra ele irá diminuir, criando em outro momento um novo desnível e a necessidade de desejos e buscas para poder preenchê-lo. É por isso que no fundo acabamos sentindo-nos quase sempre insatisfeitos. Ou por não termos alcançado ainda a gratificação e o prazer que desejamos, como também por tê-los conseguido, porque, ao perceber que não nos deram a satisfação plena que esperávamos ter, sentiremos novamente este vazio e desnível e iniciaremos um novo período de buscas que certamente nos levarão ao mesmo tipo de sentimentos.

– Isto me dá uma sensação angustiante – falou Joana –, pois me parece um ciclo repetitivo que nunca terá fim.

– O que poderemos fazer para modificar este processo? – perguntei.

– Em primeiro lugar este processo não é para ser repetitivo necessariamente – colocou o Professor. – Cada ser humano possui diferentes tipos e níveis de necessidades que compõem uma espécie de escala. Esta escala começa pelas necessidades mais básicas relacionadas aos aspectos fisiológicos de nossa natureza, como também de segurança, que incluem principalmente podermos alimentar-nos adequadamente, termos um lugar para morar, conforto físico, proteção, assistência médica e um trabalho com uma remuneração que nos permita prover e manter todos estes aspectos. Em seguida, vêm as necessidades de sermos aceitos pelos distintos grupos que freqüentamos e participamos na vida, sentindo que somos capazes de inspirar respeito, admiração e reconhecimento, que é o que nos produz a sensação de valor próprio e auto-estima. Posso dizer a vocês que é nestes níveis onde provavelmente se encontra a grande maioria do seres humanos, de onde possivelmente talvez nunca saiam. Mas mesmo que as pessoas fiquem mais ligadas a esses níveis, seus desejos não serão necessariamente os mesmos, pois irão transformando-se e aumentando em termos do alcance, da importância e dos resultados, à medida que as conquistas forem realizando-se e as diferenças de potencial e os desníveis forem sendo equilibrados e resolvidos.

– E de onde vêm então os apegos? – perguntou Joana.

– Supostamente falando – disse o Professor –, nossos desejos deveriam ocorrer de uma forma crescente e progressiva em termos das necessidades relacionadas a eles, como lhes disse ainda há pouco. E à medida que este processo fosse ocorrendo e como uma espécie de conseqüência natural, deveríamos chegar a perceber o nível mais elevado de nossos desejos e necessidades que são as de auto-realização ou de consciência plena de si mesmo. Ao chegarmos nesta fase, estaremos identificando o maior desnível ou diferença de potencial de nossa vida, que é a que existe entre o ser e o humano, representados respectivamente pela consciência plena de si mesmo e por tudo o que se relaciona à etapa do ego e da sobrevivência. Pelo fato de não podermos supri-la diretamente, pois a diferença vibracional e qualitativa é grande, é que precisaremos passar pelas fases anteriores, expressar diferentes desejos e suprir as várias diferenças de potencial que irão apresentar-se em nosso caminho, que nos seu conjunto poderão levar-nos a identificar e perceber este nível de consciência e necessidade. Na prática, relativamente falando, ainda são poucos os que conseguem vivenciar isto e, mesmo quando chegam neste nível e nesta etapa, não sabem de início como adequar a própria vida para que possam efetivamente vivê-lo. Obviamente esta é a razão do modelo que estou apresentando a vocês, bem como de tudo o que estamos vivendo e compartilhando aqui nestes dias. Enquanto estivermos vivendo a etapa do ego e da sobrevivência, incapazes ainda de perceber ou de ter uma aspiração mais consciente relacionada às necessidades mais profundas de nós mesmos, normalmente agimos como se fosse possível chegar a uma situação definitiva na vida, na qual poderemos experimentar o prazer, a segurança e a tranqüilidade que tanto desejamos. E quando experimentamos algo que nos leva a acreditar que conseguimos alcançar este nível de satisfação e prazer, ficamos tentando reviver as experiências e situações que nos levaram a ele numa ânsia inconsciente de perpetuação do que foi vivido, e esta basicamente é a causa dos nossos apegos.

— E pelo que posso compreender em função de tudo que o senhor nos colocou, estes apegos seriam a causa do aparecimento dos medos, das reações de defesa, da agressividade, de todo o estresse que sentimos, das doenças e da perda de nossa energia? — perguntou Joana.

— Com toda a certeza — respondeu o Professor. Vejo que vocês estão acompanhando-me e conseguindo fazer a ponte e uma ligação de síntese com o que já conversamos.

— Além da necessidade de recordarmos e revivermos as experiências passadas numa tentativa de voltar a sentir o mesmo prazer e gratificação, quais poderiam ser as outras fontes de nossos desejos? — perguntei.

— Nossos desejos poderão vir também de novas percepções e possibilidades que podemos experimentar ao lermos um livro, ao participarmos de um seminário ou palestra relacionada ao processo humano, de uma compreensão cada vez maior do sentido da própria vida e da vida em si, e de uma percepção cada vez mais clara do propósito pessoal. E num outro nível, como veremos logo em seguida, de impulsos recebidos e oriundos do nosso ser interior, em função do contato mais estreito que poderemos ir desenvolvendo em relação a ele — colocou o Professor. Todas essas percepções são as que nos estarão permitindo perceber outras possibilidades e gerar novas necessidades e diferenças de potencial, para que possamos ser estimulados a continuar nosso processo de realização e consciência em níveis cada vez maiores.

— Como nosso propósito pode facilitar-nos neste processo dos desejos? — perguntou Joana.

— O propósito pessoal de vida, como conversamos anteriormente, pode permitir-nos e facilitar enormemente a fazermos escolhas e a tomarmos decisões em função do que aspiramos viver e do que aspiramos ser. A partir delas aparecerão os desejos e um conjunto de situações e experiências em nosso presente e em nosso cotidiano, que nos levarão a poder satisfazê-los. O propósito pessoal e todos os estímulos relacionados a ele representam nosso conjunto particular de motivações, por meio do qual estamos revelando-nos a nós mesmos e nos permitindo ter um foco para perceber mais claramente os desejos pertinentes que queremos satisfazer, bem como os limites ou impedimentos aos mesmos a serem superados.

– Qual o risco e as conseqüências que podem existir, Professor, relacionados a esta fase? – perguntou Joana.

– O maior risco certamente é o de ficarmos tão presos e apegados a ela, tão envolvidos neste processo de busca de compensações, de poder, de afirmação e segurança pessoais, com nosso foco direcionado para a satisfação de nossas necessidades, que poderemos esquecer-nos do que efetivamente estamos fazendo e vivendo aqui. Quando isto ocorre, nossa qualidade vibracional se mantém num nível básico decorrente desses aspectos, cujo foco primordial é a sobrevivência.

– E como a passagem ou a mudança para uma outra etapa poderia acontecer? – perguntei.

– Isto é muito importante que compreendamos, pois vários fatores estão relacionados à possibilidade desta mudança. Eu diria que, quando ela começar a ocorrer, virá como uma conseqüência natural do próprio processo de crescimento em consciência e certamente estará relacionada a uma experiência de perda.

— E que perdas poderiam ser essas? — perguntei.

— Estas perdas — respondeu o Professor — podem estar associadas à perda do significado ou da importância de um trabalho, de um relacionamento, de lugares onde vivemos, ou associadas à perda de uma pessoa querida, da própria saúde, de uma condição material ou de alguma outra situação importante de vida. Também pode ser resultado da perda de sentido oriunda do cansaço ou do desânimo por estarmos constantemente nos esforçando por novas conquistas e realizações, percebendo que já não nos proporcionam mais as mesmas respostas nem a gratificação e o prazer que anteriormente sentíamos. Em todas estas situações, as perdas que experimentamos estão ligadas a algo que nos proporcionava um sentimento de importância, de segurança e de reconhecimento, e ao experimentá-las certamente sentiremos um enorme vazio interior.

— E o que este vazio pode provocar? — perguntei.

— Muito possivelmente poderá gerar alguns novos medos e ansiedades, como decorrência do fato de que aquilo que antes existia e que nos proporcionava a satisfação e a referência que necessitávamos pode não mais existir ou pode ter perdido completamente seu significado. De certa forma o que nosso ego tentava a todo custo evitar que acontecesse é o que está efetivamente ocorrendo. Funcionávamos de forma mecânica e automática e praticamente adormecidos, e de repente algo está provocando-nos e levando-nos a um despertar. Como isto ainda é novo, muitas incertezas e inseguranças poderão ocorrer e, às vezes, juntamente com um sentimento de revolta ou de desespero. Este sentimento pode ocorrer tanto pela percepção de que as coisas talvez nunca mais voltem a ser como eram antes, como pelo fato de percebermos que elas já poderiam ter sido assim há muito tempo. Nestas situações, geralmente uma parte de nós mesmos tenta agarrar-se aos velhos hábitos e padrões, enquanto que outra anseia, embora de forma insipiente de início, a lançar-se de uma vez por todas nas novas maneiras e estilos de poder viver a própria vida a partir daí. Como resultado desse processo, o controle que nosso ego exerce diminui e as situações de nossa vida poderão parecer alteradas e modificadas. O que antes era óbvio e claro pode não ser mais agora, e as certezas que tínhamos podem estar dando margem a uma série de incertezas e indefinições. Mas isto justamente é o que permitirá que uma parte nova de nosso próprio potencial possa emergir e aparecer em nossa consciência, o que ocorre basicamente pela percepção de possibilidades que até então não eram percebidas. São elas que permitirão que novas escolhas possam ser feitas e que novas experiências sejam atraídas e vividas, que com toda a certeza nos levarão a modificar nossa estrutura e realidade atual de vida.

— Nesta etapa — continuou o Professor —, como o controle de nosso ego começa a perder sua força, em muitos momentos poderemos também perceber partes de nós mesmos que durante anos estiveram reprimidas, pelos possíveis medos de nos sentirmos rejeitados, sem amor, aceitação ou reconhecimento, pelo simples fato de as expressarmos.

— E como poderemos lidar com elas quando as percebermos? — perguntei.

— Essencialmente evitando qualquer autocrítica ou julgamento e desenvolvendo, por outro lado, uma atitude de aceitação. Quando digo aceitação, não estou referindo-me a uma auto-indulgência, mas a um cuidado, uma compreensão e um amor conosco mesmos e com esta parte que está se revelando. Nossa atitude deve ser a de buscar entender o motivo real que nos levou a reprimir esta tendência ou característica, percebendo qual o medo que estava relacionado a ela, porque certamente existiu algum.

— Às vezes fico pensando em coisas como estas que o senhor nos está dizendo — falou Joana — e não consigo entender a razão dos julgamentos que fazemos conosco mesmos.

— A razão de nos julgarmos está relacionada ao próprio processo da dualidade. Aceitamos os padrões e os comportamentos que acreditamos serem adequados e que irão favorecer nossa necessidade de amor e aceitação, e rejeitamos o que sobra e o que não se encaixa neles. Por trás desses julgamentos existe sempre um medo associado em parte à incapacidade de lidarmos com o que consideramos nosso lado escuro, nossa sombra, ou as partes rejeitadas em nós e por nós mesmos. Mas também pode ser oriundo do medo de viver e de poder assumir-se plenamente. Eu poderia resumir isto numa pequena expressão popular que diz que se as pessoas percebessem e soubessem como somos realmente, talvez não continuassem nos amando e nos aceitando. A capacidade de compreender todo este mecanismo e de podermos modificar essas situações irá desenvolvendo-se à medida que formos vivendo esta etapa e desenvolvendo uma nova atitude.

— E que atitude seria esta? — perguntei.

— Esta atitude é a capacidade de observação que já mencionei antes para vocês. Significa perceber como as coisas são e como elas estão realmente acontecendo, e não como deveriam ou poderiam ser. Desta forma será possível identificar os núcleos e as causas de nossos medos. Quando os aceitarmos e os expressarmos de uma maneira simples, verdadeira e aberta dentro do que nos for possível, criaremos as condições de poder modificá-los e de poder sermos aceitos pelos demais. Quando ao contrário disfarçamos este medo por meio de subterfúgios, de máscaras e de escapismos, acabamos gerando aquilo que no fundo mais tememos, que é a rejeição das outras pessoas. Esta nova atitude nos liberta, pois estaremos aprendendo a deixar de tentar ser o modelo artificial que criamos para nós mesmos, o que nos alivia de um enorme peso e simplifica e facilita muito nossa vida. Podemos inspirar-nos em outras pessoas observando determinadas qualidades ou características que de uma forma ou de outra podem servir como pontos de referência para nós, mas isto não significa querer copiá-las, imitá-las ou tentar ser como elas. Cada um de nós é absolutamente ímpar, singular e único. Cada um de nós expressa e revela seu próprio ser verdadeiro neste mundo de uma forma particular e não repetível. Ao aprendermos a viver assim, estaremos realizando nossa própria cura e real transformação. Os papéis e as defesas que desenvolvemos foram criados em função de experiências traumáticas, mas não representam o que somos, embora pelo impacto que tiveram, incorporaram-se de tal modo que já não os distinguimos como algo separado de nós mesmos.

– Poderíamos dizer – falou Joana – que o desenvolvimento desta atitude é algo chave nesta etapa do processo de consciência?

– Certamente – respondeu o Professor. – À medida que vamos desenvolvendo esta capacidade de observação, nossas críticas e julgamentos certamente diminuirão, pois estaremos percebendo que sempre representam uma visão parcial de algo, já que dificilmente podemos ter uma percepção completa de qualquer coisa. Por isto mesmo não nos cabe julgar nada.

– Haverá também alguma mudança na capacidade de aceitação? – perguntei.

— Ela certamente irá aumentar — respondeu o Professor. — Pelo desenvolvimento da capacidade de observação, passaremos a dar-nos conta cada vez mais de como as coisas são, que é o que nos permitirá ampliar esta aceitação. Uma aceitação maior tanto dos demais, como principalmente de nós mesmos, poderá levar-nos a vivenciar uma superação da identificação tanto dos papéis e modelos como das auto-imagens falsas que criamos. E também nos propiciará uma maior capacidade de entrega e uma abertura para novas percepções e possibilidades de podermos superar nossos próprios limites, tanto no nível psicológico como de consciência. Em todo este processo e mecanismo a auto-aceitação é um elemento fundamental. Poderemos recitar várias orações, repetir afirmações centenas de vezes, visualizarmos uma realidade desejada de vida, mas enquanto não pudermos aceitar o que somos e a realidade atual em que vivemos não seremos capazes de modificá-la nem de ir além dela.

— Conseguiram acompanhar bem o que lhes coloquei? — perguntou o Professor.

— Se tivéssemos ouvido esses conceitos nos primeiros dias em que aqui estivemos — respondi —, seguramente teríamos tido muitas dificuldades em compreendê-los. Mas depois deste tempo, ouvindo, anotando e revendo tudo o que o senhor nos tem dito, ficou bem mais fácil o entendimento dessas colocações.

– Muito bem – falou o Professor. – Como já estamos mais perto da hora do almoço sugiro que façamos uma parada. Acho que tem sido importante para vocês nestes dias poderem experimentar as técnicas que compõem o modelo, pois assim poderão dar um outro sentido aos conceitos que compartilhamos nas entrevistas. Por isto mesmo sugeri que ficassem dedicados a este trabalho, para que ele não se resumisse a uma série de conceitos sem um alicerce concreto e apoiado numa vivência.

– Para nós – falou Joana –, isto tem sido fundamental. Se não tivesse sido assim, nosso entendimento, como também o que poderemos transmitir para as outras pessoas por meio do material que iremos preparar, ficariam muito no nível mental. Creio que está absolutamente claro que um trabalho verdadeiro de consciência, e como conseqüência o modelo em que ele se baseia, necessita estar fundamentado em todos os níveis da natureza humana. Caso contrário não terá uma sustentação real e poderá tornar-se uma tentativa de fuga de uma realidade de vida.

– Fico realmente satisfeito com o que você está colocando Joana – falou o Professor –, pois vejo que vocês conseguiram captar o aspecto fundamental do que venho transmitindo. O processo de crescimento em consciência não é para tornar-se uma espécie de sublime evasão de uma realidade com a qual não conseguimos lidar, mas um sublime e efetivo encontro com nosso ser verdadeiro, o que pressupõe a aceitação e vivência da realidade humana e de nosso cotidiano de vida.

Fizemos algumas posturas de hatha-yoga terminando com um exercício de relaxamento.

O Professor pediu à dona Marta que preparasse a mesa de almoço ali mesmo na varanda. Vinha percebendo como ela procurava esmerar-se em todos os detalhes, tanto na decoração dos pratos que preparava como no arranjo da mesa, que passou sempre a ter um pequeno vaso com flores que ela mesma colhia no jardim da casa. Em algumas ocasiões disse-nos que iria sentir nossa falta quando terminássemos os trabalhos de entrevistas com o Professor.

Aproveitamos o tempo após o almoço para organizar nosso material, transcrever anotações e enviar parte do que preparamos para nosso chefe na revista.

Mais ou menos às quatro horas voltamos a nos encontrar. O Professor retornou muito bem disposto. Havia descansado um pouco após o almoço. Contou-nos também que havia tido algumas inspirações muito especiais para o projeto do livro em que estava trabalhando nestes dias. Sentamo-nos os três e nos aquietamos por uns instantes.

— O senhor pela manhã nos falou sobre o aprimoramento da vontade associado à etapa de identificação com nosso ego — colocou Joana. — Como ficaria o uso da vontade nesta nova etapa do desenvolvimento da consciência?

— Quando estamos desenvolvendo nossa vontade, a ênfase e o foco estão no fazer. Pensamos em algo, desejamos coisas, somos demandados por pessoas e situações, e por meio do nosso poder de manifestação e realização buscamos expressar esta vontade no mundo das formas. Nossos pensamentos determinam nossos objetivos e nossos desejos nos impelem na direção de sua realização. Nesta etapa que estamos vendo agora, cada vez mais o que queremos e desejamos não virá somente do nosso lado mais racional e objetivo. Por estarmos numa sintonia cada vez maior com nosso ser verdadeiro, poderemos perceber mais claramente seus impulsos elevados e inspirados. Nosso foco se deslocará gradativamente da ânsia do fazer, ainda muito associada ao conquistar e realizar, para a efetiva capacidade de ser.

— Mas, Professor — perguntei —, isto não poderia tornar-nos muito passivos e sem uma capacidade de decisão ou de atuação mais firme no que se refere à nossa vida?

— Entendo perfeitamente esta preocupação que você está tendo, Matheus — respondeu ele. — De forma alguma esta atitude está associada a uma passividade, muito pelo contrário. Para que esta capacidade possa efetivamente se desenvolver, necessitaremos aprender a realmente estar presentes e envolvidos no que estivermos vivenciando, e isto requer muita determinação, dedicação e disciplina também. Obviamente aprender a viver desta forma requer certa paciência e dose de perseverança, pois estaremos realizando grandes mudanças internas. É um aprendizado da confiança, já que nem sempre o que nos chega do nosso ser verdadeiro poderá ser completamente entendido e percebido por nossa mente racional, por não estar associado às crenças, modelos e padrões que já possuímos. Estaremos aprendendo que esta inteligência maior tem muito mais capacidade e sabedoria para poder apoiar-nos e inspirar-nos na vivência do nosso cotidiano, bem como no pleno desenvolvimento de nós mesmos. Pois efetivamente o que ela mais anseia é que nos tornemos realmente conscientes de nossa origem e de todo o nosso imenso potencial. À medida que formos vivenciando este processo, poderemos experimentar momentos de uma grande leveza, confiança e entrega que nos levarão a diminuir em muito a necessidade de um constante controle da nossa realidade de vida.

– Quando estamos mais conectados com nosso ser essencial – continuou o Professor –, é como se estivéssemos vivendo fora da dualidade, embora ao mesmo tempo estejamos plenamente envolvidos nela. Por isso lhes coloquei que o que buscamos não é fugir da realidade, mas sim estar inteiramente nela, embora atuando e vivendo a partir de um novo referencial. É o antigo conceito de estar neste mundo sem ser ou pertencer a ele.

— Mas isto é uma conquista ou um estado definitivo? — tornei a perguntar.

— Estabelecer esta conexão — colocou o Professor — é algo que vai ocorrendo aos poucos. Em alguns momentos poderá ser mais forte e em outros não. É um lento deslocamento do nosso foco que se move da dualidade para o estado de unidade, da periferia para o centro.

— E as técnicas que experimentamos, são fundamentais neste processo de consciência? — perguntou Joana.

— Certamente que sim, mas também não são a garantia de nada. Cada um que estiver vivenciando esta etapa chegou até ela por um caminho único. As técnicas e os métodos são muito importantes, porque facilitam nosso caminho, mas não podemos apegar-nos a elas como se representassem o objetivo ou a razão do processo, pois constituem somente um meio para nos permitir e facilitar a vivência do nosso caminho de consciência. Se pusermos demasiada ênfase nelas, estaremos ainda focados no fazer, esquecendo talvez daquilo que nos podem propiciar realmente que é o desenvolvimento da capacidade de ser. À medida que vivenciamos o modelo que lhes apresentei e o sistema Yoga em que ele se baseia, estaremos desenvolvendo e ampliando a freqüência e a qualidade da energia de cada um dos nossos chacras.

E poderemos desenvolver uma nova capacidade de estar em nosso centro e de viver e lidar com a realidade externa, o que virá como resultado de um processo de síntese entre os vários aspectos relacionados àquele centro energético. É importante perceber claramente que, quando falamos da capacidade de ser, isto não significa algo vago ou apenas uma forma abstrata de dizer ou de expressar alguma coisa. Nosso ser verdadeiro não é um mero conceito ou algo imaginário a que podemos recorrer quando as exigências da vida se tornam mais difíceis, e queremos encontrar um alívio ou algum tipo de apoio ou de referência maior. Nosso ser, e repito isto novamente por se tratar de uma compreensão fundamental, é uma realidade e parte essencial da nossa própria natureza, que podemos, colocando da forma mais clara e explícita que é possível neste momento, aprender a trazer conscientemente para nossa realidade pessoal e humana de vida e para o nosso cotidiano.

– Como seria de fato viver esta conexão com nosso ser? – perguntou Joana.

– Seria – respondeu o Professor – poder viver as experiências de nosso dia-a-dia atendendo a todas as exigências e demandas que a vida nos faz, como já coloquei em outros momentos de nossas conversas, e ao mesmo tempo sendo capazes de permanecer cada vez mais centrados e envolvidos no que estivermos vivendo. Isto significa fazer parte do reino da dualidade e da experiência humana, mas experimentando a conexão com nosso ser que é o que a capacidade de estar presente nos pode proporcionar. Na etapa de evolução relacionada ao ego, esta possibilidade certamente poderia parecer algo completamente utópico, irreal ou até mesmo uma espécie de fantasia, mas este é o trabalho verdadeiro a ser feito. Quanto mais pessoas ouvirem e souberem disto, e puderem perceber esta possibilidade como algo real e como uma efetiva forma de viver, mesmo que de início não saibam como torná-la uma realidade, teremos maiores probabilidades no nível coletivo de criar condições para que possamos viver assim. As técnicas e os modelos, juntamente com a compreensão de todo este processo, bem como a percepção de que somos muito mais do que efetivamente supomos que somos, são os elementos que poderão propiciar-nos a vivência em nosso cotidiano das mudanças que necessitamos.

– E como cada um de nós poderá contribuir para todo este processo? – perguntou Joana.

– Iremos conversar um pouco mais detalhadamente sobre isto – colocou o Professor. – Talvez possamos fazê-lo amanhã mesmo. Mas para não deixar sua pergunta sem uma resposta eu diria que a capacidade de uma efetiva contribuição está diretamente relacionada à vivência de todo este processo de consciência. Cada ser humano que o for vivendo irá tornando-se um exemplo, um referencial vivo de possibilidades que qualquer outro também poderá alcançar. Obviamente isto irá exigir dele um pouco mais, pois além de viver sua própria vida e atender suas exigências e necessidades, terá também de dedicar e de consagrar o que fizer, assim como seu próprio tempo a esse processo. Esta é a maior opção de vida que cada um de nós está sendo de certa forma convocado a realizar neste momento. O que realmente queremos? Estamos satisfeitos com a forma como estamos vivendo atualmente? A ênfase ainda está no conquistar, no alcançar e no fazer? O vazio e as insatisfações já se tornaram grandes o suficiente para estimular a busca de novas possibilidades de vida? Ou vamos continuar reclamando, criticando e buscando razões externas para justificar nossas dificuldades e limites, tornando-nos desanimados e deprimidos? Queremos realmente viver de outra forma ou isto ainda é algo sobre o que gostamos apenas de ler, especular ou de ouvir falar? Estas reflexões são muito importantes, pois serão elas que nos poderão impulsionar ou não a vivenciar este processo do despertar em consciência.

– O senhor poderia explicar-nos melhor este conceito relacionado à consagração da própria vida a este processo? – perguntou Joana.

– Quando falo de consagração a este processo – respondeu o Professor –, refiro-me a uma escolha que implica numa dedicação de viver e se dedicar a todo este caminho de uma forma altamente consciente. Certamente não será uma escolha que faremos de início, pois pressupõe o desenvolvimento de novas percepções que somente poderão ser alcançadas pela própria vivência deste caminho.

– E como seria vivenciar esta consagração? – perguntei.

– De uma forma bem objetiva, eu diria que envolve de início o desenvolvimento de uma compreensão clara e ampla do sentido da vida e do que estamos fazendo aqui neste mundo. Depois uma percepção do propósito pessoal para que possamos fazer escolhas e perceber os desejos e as necessidades relacionadas a ele e à sua vivência. Em seguida, um trabalho constante sobre a qualidade do físico, emocional e mental, como de superação dos padrões e modelos limitantes. Por fim, um investimento no desenvolvimento e na percepção de novas possibilidades, como também na efetiva capacidade de presença e alinhamento entre o ser e o humano, procurando viver e atuar neste mundo cada vez mais assumindo o ser divino que somos. Certamente isto irá exigir muita dedicação e muita energia, bem como uma capacidade de observação de si mesmo associada a uma correção e mudança praticamente imediata de tudo o que não se coaduna com as escolhas inicialmente realizadas. Todos esses pontos que mencionei são partes intrínsecas do modelo que apresentei para vocês e estão relacionados a tudo o que conversamos e partilhamos nesses dias.

O Professor terminou de dizer estas palavras com uma força e com uma firmeza bem maiores das que costumava usar. Percebíamos claramente a importância e a força que colocava no que estava dizendo. Isto nos tocou muito. Sem falarmos praticamente mais nada, começamos a levantar-nos e a arrumar nosso material. Ele tinha aquela expressão especial que algumas vezes reparei em seu rosto. Desta vez, eu a percebia como uma combinação de intensidade e força, mas também de uma leveza e desprendimento. Era algo que sem nos darmos conta provocava um efeito semelhante em nós. Senti novamente aquela enorme responsabilidade relacionada à percepção de tudo o que poderíamos proporcionar a outras pessoas quando lessem o que iríamos escrever e produzir, bem como quando vissem o vídeo que prepararíamos.

Meditamos na varanda como sempre. Agasalhei-me bem, pois o frio era intenso. A sensação de leveza que senti, ao terminarmos nossa conversa, estendeu-se durante o exercício. Quase não senti dores nas costas. Já começava a acostumar-me bem com a posição.

Entramos em seguida, pois havia começado a ventar um pouco mais forte. Para mim havia um sabor todo especial em terminar o exercício de meditação e depois entrar para o jantar. Era como se fosse uma espécie de recompensa ou prêmio pelo trabalho realizado. Sei que talvez esta não fosse uma reação ou um sentimento muito elevado, mas era assim que eu me sentia. A comida estava muito boa como sempre. Uma sopa bem quente de inhame, pão integral, manteiga e o queijo que dona Marta fazia. E depois o costumeiro café de cevada, enquanto conversávamos sentados próximos à lareira. O Professor estava muito tranqüilo e falou-nos um pouco sobre seus filhos e sua esposa.

Eram mais ou menos onze horas quando fomos nos deitar. Havia começado a chover bem forte e o vento assobiava por entre as frestas da janela do meu quarto. Desta vez não fiquei muito tempo refletindo sobe nosso dia. Adormeci embalado pelo ruído do vento e da chuva, sentindo-me protegido e acolhido sob os grossos cobertores da minha cama.

10

A efetiva capacidade de contribuição

Já estava clareando quando acordei. Abri um pouco o vidro da janela para ver como estava o tempo. Não chovia mais, mas o céu estava um pouco encoberto. O Professor veio avisar-me que não faríamos os exercícios, pois a varanda estava muito molhada. Tomei um banho tranqüilo e preparei-me para iniciar o dia. Joana conversava com o Professor quando cheguei à sala. Dona Marta ainda não havia arrumado a mesa para o desjejum. Fui até a cozinha cumprimentá-la e a encontrei cantarolando enquanto preparava nossa refeição. Enquanto Joana mostrava as gravações para o Professor, resolvi caminhar um pouco pelo jardim. A mudança do clima era bem sensível. Continuava frio como antes, mas agora podia sentir-se nitidamente uma umidade forte no ar. Tudo parecia muito mais vivo e mais limpo também. Acho que os pássaros até cantavam mais alegres do que antes ou talvez, como dissesse o Professor, era eu quem me sentia assim e percebia as coisas de uma outra forma. Isto era realmente um fato incontestável. Sentia-me leve. Tínhamos estado tão concentrados nas conversas que nem havia reparado muito no jardim. Havia muitas flores e aromas diferentes. Cumprimentei seu Paulo que vinha da parte dos fundos do terreno trazendo nas costas um grande cacho de bananas que havia colhido. Pensei em como cenas assim raramente temos oportunidade de ver morando numa grande cidade. Caminhei até os bancos sob os pinheiros, eliminei a água que havia se acumulado com a chuva e sentei-me ali. Apesar de o tempo estar ainda meio encoberto, o céu já começava a clarear um pouco em alguns lugares. Havia uma mistura de tons de azul e de diversas graduações de cinza. Fiquei simplesmente sentado em silêncio, apreciando e incorporando em mim essa paisagem tão especial que certamente nunca mais iria esquecer. Se nada acontecesse acho que poderia ficar por muito tempo sentado aqui, simplesmente desfrutando, contemplando e sentindo o vento passar por meu corpo. Olhando tudo sem necessariamente me focar em nada. Mas percebia que não estava divagando ou perdido em pensamentos, pelo contrário, sentia-me muito atento e presente. Ao mesmo tempo em que apreciava a paisagem, tinha também consciência do canto dos pássaros e dos aromas que podia sentir. Talvez esses momentos representassem um pouco daquele estado de presença a que tantas vezes nestes dias o Professor se referiu. Percebi seu Paulo que caminhava em minha direção fazendo um gesto com a mão indicando que era hora de comermos. Levantei-me e caminhei até a casa. Ao entrar na sala percebi outros aromas bem diferentes. Meu estômago reagia mais a esses e minha alma mais aos que havia lá fora. Joana estava bem alegre e comentou-me que o Professor havia elogiado muito o material que tínhamos gravado. Comi panquecas com mel, juntamente com uma caneca de chocolate quente. Eram novos sabores para novos momentos.

Desta vez preparamos nosso equipamento na própria sala. O tempo ainda não estava muito firme e se começasse a chover talvez tivéssemos de sair às pressas da varanda. Sentamos tranqüilamente e, por alguns minutos, experimentamos um pouco de silêncio interior, preparando-nos para reiniciar nossos trabalhos.

– Gostaria de retomar aquele ponto, Professor – colocou Joana –, sobre a contribuição que cada um pode propiciar à vida e aos demais. Seria possível?

– Claro que sim – respondeu ele. – Muito se fala de paz atualmente e muitas coisas são feitas também em nome da paz, como passeatas, concertos e eventos. Todas elas são muito importantes, pois vão criando um movimento que aos poucos vai mobilizando as pessoas, como também sensibilizando para uma possibilidade que de uma forma ou de outra todos querem e também anseiam por encontrar. É maravilhoso o trabalho que muitas pessoas de forma cada vez mais dedicada vêm fazendo neste sentido. Mas acho que mais do que nunca, o momento atual que estamos vivendo como humanidade requer que nosso foco seja direcionado também para uma outra forma de atuação.

— E como o senhor definiria este outro foco? — perguntei.

— As soluções e tentativas que vêm sendo feitas, como coloquei, precisam continuar, mas uma atuação basicamente direcionada para o exterior, por si só, não irá resolver nossas necessidades mais profundas. Isto significa que uma inspiração que venha de um livro que lemos ou a de uma pessoa que possamos ouvir são importantes pelas novas possibilidades que podem proporcionar. Mas é fundamental que vivamos em nosso cotidiano, de uma forma continuada e efetiva, nosso processo de transformação em consciência. Esta vivência é que nos poderá proporcionar os meios para a conexão real com nosso ser verdadeiro, sem a qual não poderemos experimentar e expressar os aspectos mais transcendentes de nós mesmos, como a verdadeira paz interior. Por mais bem-intencionados que possamos ser, não iremos conseguir uma mudança no mundo se ela não estiver alicerçada e fundamentada nesta consciência interior.

— Quando ouço o senhor falar isto — coloquei —, fico com a sensação de que a influência e a contribuição que uma pessoa poderá proporcionar, considerando a situação atual e a quantidade de problemas que temos no mundo, são praticamente insignificantes.

— Entendo perfeitamente, Matheus, que você tenha esta sensação — respondeu o Professor. — Muitas pessoas também sentem e pensam o mesmo, e acham que em função disto é praticamente impossível fazerem alguma diferença. O resultado pode acabar sendo um desânimo ou um sentimento de impotência, que também pode fazer com que deixem, inclusive, de viver seu próprio processo de consciência. Passam a ficar envolvidas e absorvidas completamente pelas exigências da sobrevivência diária, substituindo esta necessidade maior e inata em nossa natureza pelo que podem captar de um livro, de um encontro com alguém especial ou de alguma experiência mais tocante que possam viver. O que não estão sendo capazes de perceber muito provavelmente é que todos nós seres humanos fazemos parte de um grande e único todo. Que a inteligência criativa e divina que nos une é a mesma e que se expressa por meio de cada um de nós. Portanto, tudo o que cada ser humano fizer num sentido ou no outro, em maior ou menor grau, estará afetando a todos os demais. A física quântica demonstrou-nos que todos estamos interligados e conectados constituindo uma grande rede, na qual cada ser humano é uma espécie de nó ou ponto dessa rede. Todos nós, independentemente de sabermos ou não, estamos influenciando a todos os demais pelo estilo de vida que temos e pela consciência que desenvolvemos. Quando somos capazes de viver nossa vida com uma percepção de seu verdadeiro sentido e significado, além de estarmos realizando e vivendo nosso próprio processo de desenvolvimento em consciência, estaremos também contribuindo dessa mesma forma para o processo de consciência de muitos outros seres humanos, mesmo que eles não estejam em contato conosco ou sequer nos conheçam. A aceitação pelo menos em princípio desse estado de unidade e ligação entre todos é que poderá levar-nos a perceber que não existe um só ser humano que não esteja participando e contribuindo de alguma maneira para esse propósito comum que nos une a todos.

— Se eu entendi bem — colocou Joana —, isto significa que uma contribuição para uma efetiva mudança no nível coletivo implica num compromisso com a nossa própria jornada de consciência?

— Exatamente isto — respondeu o Professor. — Pois no final das contas é isto que a vida espera de nós. Não haveria sentido em trabalharmos por uma mudança fora se não a vivenciarmos em nós mesmos. O processo da mudança coletiva não ocorrerá independentemente de nós ou sem nosso envolvimento. É algo que depende de cada um, embora em função da consciência alcançada alguns possam ter uma participação e uma capacidade de contribuição maior do que outros.

— Isto muda significativamente a compreensão que eu tinha sobre este ponto — falou Joana. — Sempre achei que colocar o foco no trabalho sobre si mesmo fosse uma espécie de egoísmo.

— Muitas pessoas também pensam assim — falou o Professor. — É evidente que, enquanto estivermos vivenciando nosso processo, poderemos também realizar algum tipo de atividade ou de contribuição específica para os demais. Uma coisa não exclui a outra, mas o trabalho básico é o que fazemos sobre nós mesmos, pois é ele quem sustentará e dará sentido a tudo o mais. Não se trata, portanto, de colocar nosso foco no exterior em detrimento do trabalho interno, nem de usar o caminho da consciência como uma forma de escape, de fuga da realidade ou das dificuldades em que nos encontramos como já havia comentado anteriormente para vocês. Uma árvore e sua copa só podem sustentar-se se suas raízes se espalharem, se elas se aprofundarem e estiverem firmemente presas e fincadas no chão. Se percebermos isso não transformaremos nosso caminho numa fuga ou escapismo, nem estaremos desprezando ou rejeitando nossa vida humana e as situações relacionadas a ela, como coisas indesejadas ou mesmo inadequadas diante de uma aspiração maior.

– O senhor poderia dar-nos uma explicação baseada nos princípios quânticos – coloquei – que nos permitisse compreender de outra forma o trabalho individual e a participação no processo coletivo?

– Certamente – respondeu o Professor. – Em cada um de nós convivem e existem tanto a necessidade da realização e afirmação pessoais como a de participação e contribuição para o grupo e para o coletivo. Representam respectivamente os aspectos ou as características partícula e onda da própria energia. Ao mesmo tempo em que temos uma vida particular, temos também uma vida e atuação no nível público, e não temos como definir ou estabelecer claramente as fronteiras entre ambas. Mas como elas são partes e necessidades inerentes a nós mesmos o que nos cabe é saber estabelecer um equilíbrio entre elas.

— Este equilíbrio — continuou o Professor — está evidentemente associado à dualidade partícula-onda e à capacidade de podermos fluir e passar de um ao outro aspecto, desenvolvendo tanto a possibilidade de expressão e atuação focadas no individual, como também de participação, envolvimento e união com os demais. Como exemplo para facilitar a compreensão de vocês do que estou dizendo, isto é o que acontece quando apreciamos uma paisagem, como fizemos no outro dia quando estávamos no alto da montanha. Quando observamos a cena como um todo, perdemos a capacidade de perceber detalhes específicos e, por outro lado, quando colocamos nosso foco e atenção num aspecto ou numa cena em especial, deixamos de perceber a paisagem no seu conjunto. Se ficarmos demasiadamente presos e focados numa dessas formas ou maneiras de observação, estaremos deixando de perceber a outra, o que não aconteceria se pudéssemos passar ou fluir de um modo ao outro, do geral ao detalhado e do todo ao específico. Esta capacidade nos mantém num estado de liberdade e de movimento, como se estivéssemos participando de uma grande dança em que o efeito e a expressão geral resultantes ocorrem como produto e somatório da atuação, da forma e da coreografia pessoal de cada participante. Neste processo, percebemos claramente que o todo maior só poderá alcançar seu resultado pela participação de cada um de seus membros e componentes e pela maneira como se envolvem, fluem e se expressam, e por isso mesmo ninguém é dispensável ou com menos importância que qualquer outro. Se usarmos o exemplo do próprio corpo humano, é tão importante o funcionamento adequado de uma célula do coração como outra do intestino ou de um rim.

— A compreensão da influência que efetivamente produzimos nos demais, relacionada a esta ligação que existe entre todos, não poderia ser vista também como um princípio ético? — perguntei.

— Todos os seres humanos compartilham de um mesmo propósito — colocou o Professor. — Todos sentimos o mesmo impulso de expressão e realização do próprio potencial interior. Diferimos uns dos outros, obviamente além das próprias características individuais, apenas pela consciência que cada um já pôde realizar. Pela vivência desse processo, estaremos experimentando de uma forma cada vez mais consciente aquela condição original de união e de comunhão a que me referi no início de nossas conversas, resgatando um estado que julgávamos haver perdido e que permaneceu como que adormecido e latente no mais profundo de nosso ser. A aspiração de poder viver conscientemente esta união, aliada à necessidade de buscar respostas para poder satisfazê-las, é que nos estimularão a viver este caminho de consciência. Mas as circunstâncias que nos irão permitir encontrar as respostas e experimentar esta síntese, por mais paradoxo que possa parecer, encontram-se justamente em nosso próprio cotidiano, relacionadas às situações e às experiências com que nos deparamos em nossa vida comum e corrente. Isto significa que, para que essa transformação possa ocorrer, necessitaremos do apoio, do estímulo, da orientação e da sabedoria que receberemos de muitas outras pessoas. Às vezes o que recebemos poderá coincidir com aquilo que desejávamos e em outras vezes não. Mas isto não importa, pois tanto nos apóia o que empurra a favor, como aquele ou aquilo que aparentemente está puxando ou nos forçando numa direção contrária. Tudo o que fizermos, dissermos ou até mesmo pensarmos, estará afetando a todos os demais e influenciando esta totalidade na qual estamos imersos, independentemente da percepção de como isto ocorre, ou se estamos atuando a favor ou contra alguém, que é o mesmo que ocorre em relação a nós. Se pudermos perceber isto, poderemos compreender o princípio ético mais elevado que nos une a todos.

– E como o senhor o definiria? – perguntou Joana.

– Este princípio está associado à necessidade de proporcionarmos aos demais o mesmo que desejamos para nós mesmos. Esta atitude efetivamente vivida tem um enorme potencial de mudança e está relacionada à superação de muitas das nossas crenças mais arraigadas, associadas ao processo da sobrevivência, às conquistas e à competitividade na busca das realizações externas.

– Como isto realmente funciona? – perguntei.

– À medida que vivemos nosso processo de consciência, estaremos atraindo o tempo todo outras pessoas que nos propiciarão determinadas experiências e situações, e que atuarão como protagonistas e parceiros, proporcionando-nos aquilo que nós mesmos queremos e necessitamos. Da mesma forma, estaremos também atuando e favorecendo a outros seres humanos naquilo que por sua vez eles mesmos necessitam. Nossa visão do mundo e da vida poderá modificar-se muito ao compreendermos e vivermos este princípio. Poderemos perceber que cada situação e cada circunstância que estivermos vivendo, mesmo que aparentemente injusta, absurda ou aberrante, é no fundo uma oportunidade para superarmos, modificarmos e nos liberarmos de algo. A partir daí veremos os demais como os cúmplices e os parceiros que necessitamos e não como rivais ou oponentes, mesmo que às vezes possam parecer assim, pois na realidade estarão interpretando um papel e contracenando conosco em nossa peça, independentemente de terem ou não consciência de que estão fazendo isto, que é o mesmo que também acontece conosco em relação a eles. Atuarão como nossos mestres ocasionais e passageiros proporcionando-nos uma compreensão que precisávamos ter. E como efetivamente o que mais desejamos ao vivenciar este processo é nossa própria transformação, que mais poderemos querer proporcionar aos demais que não sejam os elementos que eles mesmos necessitam para também poderem vivenciá-la? O que queremos alcançar é o que mais deveremos também propiciar e favorecer. Ao vivermos assim, criaremos as condições para que a vida e todo o universo se mobilizem, permitindo que nossas necessidades reais sejam alcançadas e satisfeitas.

— Imagino, Professor — colocou Joana —, como deve ter sido importante para todos nós a realização em consciência que alguns puderam alcançar ou que estão alcançando neste momento de nossa história como seres humanos.

— Com toda a certeza — respondeu ele. — A consciência alcançada por um indivíduo afeta e influencia a todos os demais que a poderão alcançar de uma forma mais facilitada. Este é o mérito, digamos assim, daqueles que são os pioneiros, que são os que chamamos de nossos mestres espirituais. Certamente encontraram e vivenciaram muito mais dificuldades do que aqueles que vieram em seguida. Abriram portas e caminhos que tornaram mais fácil o processo dos demais, deixando orientações e posições muito bem definidas que serviram e continuam servindo a muitos outros que também buscam trilhar esses mesmos caminhos. Tornaram-se desta forma fontes de referência e de inspiração para muitas outras pessoas, por terem assumido o compromisso consigo mesmos de expressar em sua vida os valores e os princípios em que acreditavam. O fato de terem feito escolhas numa determinada direção criou possibilidades para que outras pessoas também pudessem decidir-se a fazê-las, pois quando alguém abre uma picada é mais provável que outros caminhem por ela. Este é o conceito de interconexão quântica da consciência. As escolhas que alguém faz em qualquer sentido atuam aumentando a probabilidade de que outras pessoas façam também uma escolha semelhante. Não existe uma maneira de estimar ou de prever até onde pode ir esta influência, nem onde poderá atuar e se refletir, o que por si só deveria tornar-nos muito mais responsáveis por tudo em nossa vida. É muito claro e fácil de perceber, em função disso, que estamos criando juntos o nosso mundo. Toda a nossa história futura e todas as transformações que algum dia poderão ocorrer acontecerão como uma espécie de um gigantesco somatório de todos os processos e realizações em consciência que cada um está alcançando e conseguindo. Não somos e nem nunca seremos apenas testemunhas e meros observadores passivos, nem mesmo vítimas de um processo coletivo que nos envolve a todos. Somos, de fato, partícipes e artífices de tudo o que nos está acontecendo. Quando inundo minha consciência de pensamentos egoístas, de medos e de críticas, estou ferindo e violentando a mim mesmo e produzindo os mesmos resultados e influências no campo unificado de consciência que nos envolve a todos. Quando machuco minha mão ou uma parte de meu corpo, não será apenas ela quem sentirá dor, pois todo o meu corpo a estará sentindo também, já que a dor é minha. Da mesma forma, tudo o que acontece no mundo e com as demais pessoas, estejamos ou não conscientes disso, está afetando a todos.

Quando o Professor fez uma pausa em suas colocações, criou-se um momento de tal energia que parecia que não seríamos capazes de fazer novas perguntas e de continuar nossa entrevista. Ele percebeu isto e sugeriu que fizéssemos um intervalo para nossa prática de hatha-yoga.

Já estávamos no meio da tarde quando voltamos a nos encontrar. Nossa prática foi importante, pois nos ajudou a mudar nossa energia e a nos centrarmos mais. Após o almoço passamos um bom tempo organizando e revendo nosso material e ampliamos nossa compreensão e a visão de síntese do que havíamos ouvido e registrado, o que foi fundamental para que pudéssemos continuar a entrevista com o Professor. Como não havia chovido mais e a varanda já estivesse seca, voltamos a utilizá-la como nosso local de trabalho. Era muito mais agradável do que estar na parte de dentro da casa. Depois da chuva e com o tempo bonito que fazia, havia uma outra energia no ar. A temperatura estava um pouco mais quente e eu sentia que tudo fervilhava de vida. Foi assim que o Professor também nos pareceu, quando chegou de volta na varanda. Assim que se sentou e nos posicionamos os três, ligamos nossos aparelhos e continuamos os trabalhos.

– Revimos vários pontos que o senhor nos colocou hoje pela manhã – falou Joana. – Pelo que entendemos a maior contribuição que alguém poderá fazer pelos demais é a vivência de uma forma realmente consistente do seu próprio caminho de consciência. O senhor poderia fazer um novo resumo sobre isto para que pudéssemos fixar esses conceitos de uma forma bem clara?

– Durante praticamente todo o tempo da existência humana – respondeu o Professor –, nossa vida esteve voltada para as conquistas externas, que foi algo absolutamente normal e necessário tanto no sentido individual como coletivo. Nossa existência espaço-temporal girou em torno da necessidade de triunfarmos na vida, de nos sentirmos seguros, de sermos alguém e de nos sentirmos integrados e reconhecidos pelos demais. Acabamos deixando de lado por isso mesmo o contato com nosso ser verdadeiro e a expressão mais plena do nosso potencial intrínseco. Chegamos a um ponto da nossa etapa como seres humanos em que esta tendência já não nos satisfaz. A sobrevivência em todos os seus aspectos continuará sendo sempre necessária, bem como a evolução da tecnologia e da ciência em seus vários ramos e finalidades. Mas nossa vida precisa tomar outros rumos e satisfazer outras necessidades. Isto não será possível de ser alcançado e modificado por uma espécie de acordo internacional, nem obviamente por qualquer tipo de decreto ou de mudanças que tentem modificar apenas aspectos exteriores. Por suposto, enquanto este novo processo e redirecionamento forem sendo vividos, necessitaremos fazer alguns ajustes e correções, bem como tomar algumas providências de modo a facilitar e preservar a vida humana e as outras formas de vida deste planeta. Mas o que necessitamos viver agora, que é algo que já está acontecendo, é uma mudança silenciosa, vivida e produzida no interior e na consciência dos seres humanos. Seu efeito é exponencial, pois cada conquista individual se soma e afeta o campo da consciência que nos une. É um caminho de iniciação e de percepção plena do que realmente somos que ocorrerá por meio de uma série de situações e experiências, pois se trata de um processo e não de um evento. Esta palavra iniciação vem de *initiare*, que significa um caminho e uma possibilidade de abertura para a compreensão de um mistério e de algo que está oculto. E o grande mistério que temos diante de nós e que está sendo desvendado num ritmo que nunca ocorreu antes é o mistério de nós mesmos. Estamos vivendo esta descoberta e esta é a verdadeira revolução que precisamos empreender, em números cada vez maiores. E é o que muitos seres humanos neste mesmo instante decidiram viver e o estão realizando. Atuam como pioneiros de novas formas de conquistas e realizações, experimentando em si mesmos novos estados e abrindo novas possibilidades para que muitos outros também as vivam.

— Professor — coloquei —, aqueles que estão vivenciando este processo deveriam de alguma forma anunciá-lo mais ou talvez divulgar melhor o que estão fazendo e vivendo, para que ele possa acontecer com mais intensidade no nível coletivo?

— Esta divulgação é importante que seja feita — respondeu o Professor —, pois é a primeira etapa do processo de sensibilização. À medida que as pessoas forem aceitando essa possibilidade de viver sua própria vida, seu processo individual poderá começar a ser vivido de uma outra forma. A partir daí precisarão conhecer um método que lhes proporcione efetivamente a experiência e a realização dessas possibilidades. Mas para que tudo isto possa ocorrer é necessário que os que estejam apresentando e facilitando vivam de fato seu próprio caminho de realização, para que as coisas não fiquem somente na etapa da sensibilização ou apenas no nível mental relacionadas a propostas e idéias.

— E, além do que o senhor nos colocou — falou Joana —, existe algo mais direto e específico que cada um poderá fazer pelas outras pessoas?

— Na realidade o que nos cabe mesmo fazer é podermos ser plenamente aquilo que efetivamente somos no sentido mais profundo e mais amplo do que isto possa significar. O que mais poderá tocar e inspirar outras pessoas é a nossa própria capacidade de estabelecer e de manter contato com nosso ser verdadeiro, com esta consciência e presença silenciosa que está em nós e que efetivamente somos. Quanto mais a experimentarmos, estaremos irradiando uma alegria de ser e de viver, juntamente com uma consciência de paz e de tranqüilidade, que ocorrerão de forma espontânea, verdadeira e natural e que serão manifestações externas do que no nível interno estaremos sentindo e experimentando verdadeiramente. Esta consciência e qualidade de ser assim vividas representam uma espécie de marca energética que, aos poucos, vai manifestando-se ao nosso redor, afetando e tocando aqueles com quem estivermos em contato. A partir daí haverá cada vez menos desejos de ser alguém especial ou em especial, bem como de querer curar ou salvar alguém, ou mesmo de resolver seus problemas e desequilíbrios. Estes sentimentos ainda são de uma etapa anterior mais associada a uma necessidade de poder e afirmação pessoais. Tudo o que de mais verdadeiro poderemos proporcionar à vida é justamente este espaço energético, que de uma maneira silenciosa e sem alardes estará facilitando que outras pessoas possam contatar e experimentar sua própria presença interior, seu ser verdadeiro. É este contato que poderá proporcionar a elas a verdadeira cura, que é a cura da fragmentação interior. Assim nos tornaremos efetivos curadores, que é o que irá acontecer justamente quando não quisermos mais ser curadores, nem terapeutas ou mesmo mestres de alguém. É um processo que é vivido e que ocorrerá sem palavras ou ações, pois realmente não serão necessárias. Mas só poderemos conseguir isto se estivermos trabalhando nossa própria conexão. É desta forma que nos tornaremos verdadeiros servidores da vida. Simplesmente oferecendo e compartilhando o melhor de nós mesmos, onde quer que estejamos e independentemente do que estivermos fazendo, e não somente quando imbuídos de um determinado papel ou postura. Não temos de ser perfeitos para realizar isto, mas à medida que nosso processo e caminho ocorrerem seremos cada vez mais capazes de viver assim, por estarmos clareando muitas coisas em nós mesmos e modificando em muito nosso campo energético.

– Pode ser – continuou o Professor – que, ao ouvir todas essas coisas e possibilidades, muitos pensem que se trata de algo meio fantasioso ou fora do nosso contexto atual de vida. De certa forma ainda é, mas uma mudança imensa já não tão silenciosa ou oculta está ocorrendo. E o que hoje pode ainda parecer algo utópico muito em breve será certamente uma realidade. A realidade que todos nós conscientemente ou não ansiamos por viver e que vem sendo preparada há muito tempo por meio daquilo que já alcançamos, tanto no nível individual como coletivo, e que inclui todos os aspectos, facetas, especialidades e conquistas da vida humana. No fundo todos contribuíram para que chegássemos até onde chegamos. Nesta etapa em que estamos, o trabalho a ser feito para a efetiva manifestação desta nova realidade depende essencialmente daquilo que cada um de nós poderá fazer sobre si mesmo, no nível de sua própria consciência e na expressão do seu ser verdadeiro por meio de sua própria vida. Por isso coloquei que esta é a verdadeira e efetiva contribuição que cada um poderá fazer por todos os demais.

Logo após o Professor ter terminado de falar, Jollie levantou-se vagarosamente e aproximou-se de mim colocando sua cabeça em minha perna para que eu a acariciasse. Parecia que tinha entendido o que havíamos conversado. Enquanto a acariciava, Joana desarmou seu equipamento e entrou conversando com o Professor. Fiquei ali sentado em silêncio sentindo uma integração com todo este lugar, como que permitindo que um processo de absorção pudesse ocorrer em mim. Perguntei-me se realmente minha forma de viver poderia estar fazendo alguma diferença ou contribuindo para toda esta mudança atual, e percebi que minha contribuição certamente não era tão efetiva como talvez pudesse ser. Isto mexeu com algo mais profundo em mim mesmo. Entrei em seguida com todas essas reflexões e sentimentos me acompanhando.

11

Uma visão de síntese

O dia estava magnífico. Havia um sol intenso e muitas nuvens no céu que contrastavam e eram ressaltadas por sua luminosidade. Já havíamos feito nossa prática matinal e tomado o desjejum. O Professor tinha saído com seu Paulo para resolver alguma situação relacionada à casa. Jollie ficou conosco enquanto preparávamos nosso material nos bancos sob os pinheiros, aguardando a volta do Professor. Após o jantar de ontem, Joana e eu havíamos ficado durante várias horas sentados juntos à lareira, revendo, conversando e buscando sumarizar todo o material e os conceitos que havíamos recebido nestes dias. O Professor havia ficado em seu quarto trabalhando em seu livro. Nossa intenção era a de poder entender o mais claramente possível esses conceitos e nos prepararmos para a última entrevista que teríamos com o Professor. Havia entre nós um clima de expectativa e ansiedade. Pela tarde o Professor irá realizar a palestra de encerramento de um evento que está acontecendo durante todo o dia numa outra cidade próxima de onde estamos. É um encontro que ocorre em diferentes locais a cada três meses, sempre aos sábados, voltado essencialmente para o processo de crescimento do ser humano em todos os seus aspectos e aberto a diferentes abordagens. Ele nos sugeriu que assistíssemos sua apresentação, pois o que irá abordar será um resumo dos pontos que vimos ao longo destes dias, sumarizados e colocados de forma bem objetiva, já que ele terá apenas uma hora e meia para realizar sua apresentação. Ao final, como haverá um tempo para que ele possa responder a perguntas e questões levantadas pelos participantes, poderíamos aproveitar para perceber eventuais colocações, necessidades e colocações das pessoas, usando-os como elementos para o material que iremos preparar.

O Professor não demorou muito a voltar. Assim que chegou e ajudou seu Paulo a descarregar o que havia trazido, reuniu-se a nós, sentando-se nos bancos sob os pinheiros. Harmonizamo-nos uns instantes, pois era algo que já fazia parte do nosso ritual diário de trabalho, e de uma forma totalmente espontânea e natural começamos a conversar.

– Parece que estamos chegando ao fim de nossas conversas – colocou ele. – Sentirei falta de vocês e deste ritmo que há vários dias estamos vivendo.

– Nós também sentiremos – falou Joana, no que concordei com um movimento de cabeça e um sorriso.

– Ontem à noite – coloquei –, passamos um bom tempo revendo e compartilhando nosso material e anotações, e especialmente nosso entendimento sobre ele. O que pretendíamos era poder chegar a uma razoável visão de síntese.

— Acho que conseguimos fazer isso — falou Joana. — Mas de qualquer forma pensamos que é muito importante podermos ouvir seu próprio resumo e síntese, independentemente do que poderemos ouvir na palestra. Certamente irá complementar, esclarecer e confirmar algumas partes que talvez não tenham ficado tão claras para nós.

— Pois então vamos fazer isto — falou o Professor, acomodando-se melhor no banco onde estava sentado e olhando uns instantes para a paisagem e o visual que tinha diante de si.

— Vivemos atualmente um momento muito especial que afeta a todos nós — colocou o Professor —, tanto num sentido coletivo como individual. Estamos sendo levados por diferentes influências, estímulos e informações que estamos recebendo de várias fontes, a questionar, a refletir e a realmente buscar compreender o sentido de nossa própria vida e daquilo que estamos fazendo aqui. Possivelmente para a maioria das pessoas as respostas que obtiveram até hoje e a forma como foram colocadas continuarão servindo. Alguns irão até reagir de maneiras muito radicais a quaisquer possibilidades novas, mas muitos estão necessitando de um outro nível de compreensão e consciência.

— E como o senhor expressaria esta percepção mais consciente? — perguntou Joana.

— De uma maneira bem clara acredito que esta percepção envolve três pontos bem específicos. Primeiramente perceber que nossa verdadeira natureza é divina, o que nos faz e nos torna, portanto, seres divinos, embora disfarçados de humanos, limitados e momentaneamente esquecidos desta verdadeira origem. Em segundo lugar, compreender que este esquecimento não aconteceu nem foi obra do acaso, nem resultado de um erro, pecado ou equívoco. Foi parte de um mecanismo natural e necessário, que ocorreu em função do desenvolvimento da capacidade da autoconsciência e da fragmentação resultante. Como conseqüência desse processo fomos lançados no mundo da dualidade, sendo levados à necessidade de formar uma identidade ou referencial, que basicamente conseguimos desenvolver por meio de nossas realizações e conquistas, como vimos. Ao longo de todo este tempo da existência humana e como um somatório de todas as contribuições e realizações coletivas e individuais, construímos nosso mundo atual. Mas em função da necessidade de desenvolvimento desse referencial fomos levados a colocar nosso foco de atuação essencialmente no exterior e nos esquecemos do verdadeiro propósito e sentido da vida humana, relacionados à percepção e expressão do imenso potencial latente em nossa verdadeira natureza. Chegamos a um ponto de ruptura e transformação no qual os modelos, padrões e estilos de viver, que durante tanto tempo nos serviram, já mostram sinais inequívocos de esvaziamento, repetição e saturação. Embora tenham sido necessários e importantes, não nos estão permitindo vivenciar o que mais queremos e precisamos, o que nos leva, inevitavelmente, à necessidade de buscarmos e de vivermos novos modelos de vida.

– E qual seria o terceiro ponto? – perguntei.

— O terceiro ponto que considero fundamental — colocou o Professor —, refere-se à compreensão de que a vivência e a realização de todo este processo da consciência de si mesmo acontecerão por meio da nossa vida humana e de tudo aquilo relacionado às experiências do nosso cotidiano. Estamos neste mundo numa espécie de serviço ou missão, que é a de trazermos por meio da nossa consciência o reino dos céus à terra. Isto significa efetivamente revelar e manifestar em nossa vida e por meio dela todo o nosso potencial intrínseco, toda a nossa beleza e qualidade de ser. É isto o que considero e que para mim significa viver realmente com excelência. Ao compreendermos isso, perceberemos que nossa vida funciona como um veículo para que este processo possa ocorrer, para que a natureza divina oculta e implícita na matéria possa revelar-se e manifestar-se neste plano de vida e existência. Certamente não existe um propósito que seja maior do que este. E este é um ponto fundamental com relação a essa nova compreensão do sentido e significado de nossa vida. Por isso foi necessária a dualidade, de forma a que nos pudéssemos reconhecer naquilo que vivemos e no que vivemos. Mas não conseguiremos isto simplesmente continuando a viver como sempre o fizemos, e por isto novos modelos são fundamentais neste momento tão importante e especial de nossos processos e de nossa etapa, tanto individual como coletiva.

— E como o senhor resumiria as características e os pontos essenciais de um modelo assim? — perguntou Joana.

— Os novos modelos devem propiciar-nos e favorecer o desenvolvimento de uma nova identidade fundamentada no que efetivamente somos, o que não significa de modo algum abandonar ou rejeitar a identidade humana, nosso ego, que com tanto esforço e trabalho conseguimos desenvolver. O que está em jogo é uma ampliação e expansão que atende à própria necessidade da vida relacionada a uma contínua renovação, crescimento e evolução. Este é um processo que precisará ser vivido de forma gradativa e constante, pois necessitaremos de um desenvolvimento equilibrado dos níveis básicos da nossa natureza humana. À medida que este equilíbrio vai sendo alcançado, vamos também criando uma integração de forma cada vez mais sustentada com nosso ser verdadeiro. É neste sentido e nesta direção que um novo modelo de vida deverá apoiar-nos, como o que apresentei a vocês durante estes dias, incluindo todas as suas ferramentas, princípios, exercícios e trabalho sobre as atitudes.

– Antes de conversarmos um pouco mais sobre os novos modelos, gostaria de lhe pedir uma pequena revisão de algumas das características do modelo ou modelos que atualmente usamos em nossa vida – coloquei.

– Na realidade – falou o Professor –, no que se refere a um modelo de vida, existem muitas variantes que dependem da cultura, dos hábitos, das características e das influências recebidas, como também da própria pessoa. Podemos identificar alguns pontos especialmente em nosso mundo ocidental, que são aspectos mais ou menos comuns a um modelo atual, mas eu acho que vocês podem contribuir bastante na identificação dessas características.

— O que você teria a dizer, Joana? — perguntou o Professor.

— Eu acredito que um ponto básico seja o da constante necessidade de conquistas e realizações como forma de afirmação e identificação pessoal. E a tentativa de logo buscarmos outras coisas e de nos envolvermos em novas atividades e desafios, quando percebemos que eles não irão saciar nem resolver nosso vazio interior e nossa necessidade de ser. Isto foi o que fez com que vivêssemos constantemente ansiosos, projetados num futuro, apressados e correndo de um lado para o outro.

— Por isso mesmo estamos competindo tanto uns com os outros, com medo de que não haja o suficiente para todos — acrescentei.

— E também sempre numa atitude de espera ou expectativa — acrescentou Joana. — Na espera do novo emprego, de um novo amor, da promoção que não chega nunca, das próximas férias, da nova cura maravilhosa, do feriado prolongado, do novo carro ou de um salvador que possa promover nossa redenção.

— Todas essas experiências, independentemente de suas conseqüências e limitações — colocou o Professor —, estão permitindo-nos perceber e expressar nosso potencial interior, mas com uma eficácia e resultados muito baixos e com um desgaste e um preço muito alto.

— E com todo este desgaste — falei — estamos tendo muitas frustrações e desequilíbrios. E utilizamos o velho chavão do estresse do mundo atual para justificar quase tudo. E a felicidade e o prazer que o tempo todo queremos e perseguimos podem ficar resumidos a alguns poucos momentos ou situações.

— Pode parecer um quadro meio desanimador — colocou o Professor —, mas é mais ou menos assim que estamos vivendo atualmente. E vemos claramente que a tendência é a de que esta situação se complique ainda mais, e por isso mesmo coloquei que este modelo chegou a um ponto de ruptura e de necessidade de transformação.

— Com referência ao modelo que o senhor nos apresentou — colocou Joana —, qual seria um dos seus aspectos mais importantes?

— Todos os seus componentes — falou o Professor —, são importantes, porque no seu conjunto irão favorecer o desenvolvimento e o equilíbrio necessários à integração com nosso ser. Mas eu poderia dizer que um aspecto se sobressai, que é o desenvolvimento da nossa capacidade de atenção e presença. De certa forma, tudo o que vivenciamos no modelo irá propiciar esta maior presença, fundamental para o resgate da unidade e do processo de integração entre o exterior e o interior, entre nosso hemisfério esquerdo e o direito, entre nosso lado masculino, realizador, objetivo e racional, e nosso lado feminino, da sensibilidade, da intuição e da capacidade de síntese. Iremos desenvolver esta unidade à medida que pudermos e soubermos atuar a partir de um ponto central, que inclui, incorpora e aceita ambos os lados e polaridades de qualquer coisa, experiência ou situação. Nossa capacidade de presença nos permite não ser tão afetados e influenciados por nossos pensamentos e pelos modelos e crenças que adquirimos. Isto é o que nos poderá permitir experimentar essas diversas polaridades e possibilidades, atendendo e lidando com todas as demandas e necessidades da vida e de vida, mas sem nos prendermos demasiadamente a nenhuma delas, para que não nos prejudiquem na manutenção de nosso centro. Quanto maior o equilíbrio e a qualidade que pudermos alcançar em nossos níveis humanos, que é o que a vivência de um novo modelo poderá propiciar-nos, aprenderemos a estar efetivamente mais envolvidos e presentes. Quanto mais presentes, maiores as possibilidades de estarmos em nosso centro, bem como de podermos mantê-lo. E quanto mais centrados estivermos, melhor a capacidade de podermos estabelecer a conexão com nosso ser, que é o que nos permitirá a expressão do nosso imenso potencial interior. Viver assim é viver com liberdade. Estaremos enriquecendo nossa vida e dando a ela um nível, uma qualidade e uma excelência no sentido mais amplo que podemos alcançar, e levando tudo isso aos ambientes onde estivermos e às outras pessoas com quem convivermos. Este é um processo que tem seus efeitos e resultados tanto no nível individual como coletivo.

— Professor — perguntei —, que orientações o senhor poderia dar-nos com relação à vivência do método que nos foi apresentado?

— Este é um ponto muito importante — respondeu ele — que certamente não poderíamos deixar de abordar. Evidentemente a vivência de um método e de suas partes irá depender de cada um, bem como da sua capacidade de compreensão e percepção do sentido da vida e de sua vida, e da sua própria necessidade de realmente vivenciar este processo de evolução em consciência, como também daquilo que já experimentou ou que está experimentando em seu momento atual. Mas independentemente desses aspectos, poderemos com toda a certeza sugerir alguns pontos com relação à vivência do método. Em primeiro lugar a sugestão que faço é a de que evitemos iniciar ou realizar várias coisas ao mesmo tempo, pois certamente isto poderá fazer com que acabemos não praticando mais nada. Incorporar disciplinas ou métodos novos faz com que sejamos levados a alterar hábitos, bem como a modificar atitudes e padrões existentes e, por isso mesmo, precisamos de um tempo para lidar e nos acostumarmos com eles, e para podermos superar as possíveis resistências que certamente aparecerão.

– E como poderia ser uma forma de começarmos? – perguntou Joana.

– Eu sempre sugiro que o trabalho comece pelo nível físico, pois afinal de contas precisaremos que o nosso corpo funcione bem, como forma de apoiar e sustentar o trabalho a ser feito nos demais níveis. Em função disso poderemos iniciar pelos exercícios de movimento, realizando talvez a caminhada, que é o mais fácil de ser feito e possivelmente o mais eficaz. Durante nossas conversas dei a vocês algumas orientações de como realizá-la.

– À medida que ela se incorporar em nossa nova rotina – continuou o Professor –, é muito importante também começarmos a praticar uma das técnicas que mencionei referentes ao trabalho de ampliação e modificação de nossa energia. Dentre elas havia sugerido a hatha-yoga, por ser a que mais conheço e utilizo. Certamente junto com sua prática poderemos também realizar os exercícios de alongamento e flexibilização, como também os de relaxamento, já que de certa forma estão relacionados entre si. Acredito que duas ou três vezes por semana sejam suficientes.

– E qual seria o próximo passo? – perguntei desta vez.

– O próximo passo que possivelmente poderá também começar a ser feito de forma associada à prática de hatha-yoga, dependendo do local onde for praticada, poderá ser o exercício de meditação. Ele é fundamental entre outras coisas, como vimos, no desenvolvimento da capacidade de atenção e presença. O ideal é que o pratiquemos uma vez por dia pelo menos como uma meta, durante cerca de vinte minutos, e se possível ao entardecer. Com a incorporação em nosso cotidiano dessas práticas, certamente já estaremos realizando um trabalho muito importante, que poderá levar-nos pouco a pouco a uma transformação realmente efetiva. É também muito provável que em função de todas as mudanças ocasionadas em nosso corpo e em nossa energia, que sintamos a necessidade de experimentar a alimentação vegetariana, que com toda a certeza poderá tornar-se nossa própria opção de alimentação associada e talvez mais apropriada às transformações que estaremos experimentando. À medida que este processo for ocorrendo, iremos também criando as condições para realizarmos a parte do trabalho que envolve os níveis emocional e mental, que é bem mais sutil e não tão específica como a que está baseada e apoiada em nosso corpo físico.

– Como o senhor resumiria o foco do processo de consciência, especialmente a partir deste ponto? – perguntou Joana.

– O ponto essencial do trabalho de consciência sobre si mesmo – colocou o Professor –, independentemente da fase ou do momento que está sendo vivido, é o de criarmos as efetivas condições para um contato com nosso ser, bem como para podermos sustentar e manter essa conexão de modo a podermos expressar o potencial que nos qualifica e nos faz seres divinos. Certamente se trata de um processo que requer tempo, paciência e dedicação, conforme conversamos antes. A vivência das técnicas e dos métodos de um modelo é o que nos preparará para podermos experimentar essa conexão que gradativamente se tornará e se manifestará como algo efetivo. Durante a vivência de todo esse processo, nosso foco deverá ser cada vez mais o de trabalhar a superação do que dificultar essa conexão, e o de desenvolver o que poderá facilitá-la. Poderíamos expressar isto de outra forma, dizendo que o foco é o de procurar desenvolver e ampliar tudo o que favorece nossa capacidade de atenção e presença e de superar o que pode prejudicá-la no que se refere aos níveis de nossa natureza humana.

– Como continuação – acrescentou o Professor –, talvez um dos próximos passos seja o de rever nossas atividades de vida, procurando identificar nosso propósito pessoal utilizando como apoio as perguntas que coloquei antes para vocês. Provavelmente passamos a maior parte do tempo de nossos dias em atividades relacionadas ao nosso trabalho profissional. Se ele for ou se tornar uma fonte de conflitos ou de divisão interna, certamente irá favorecer o aumento da nossa própria fragmentação, dificultando a capacidade de presença. A percepção desse propósito nos permitirá fazer as mudanças, bem como realizar todo o preparo necessário para vivermos e nos dedicarmos àquilo que realmente tem sentido e significado para nós. Mas é claro que esta revisão e alinhamento com o que queremos na vida não tem necessariamente um momento certo e adequado para que o façamos. Dependerá obviamente de cada um de nós e do momento em que passarmos a vivenciar com mais determinação nosso processo de consciência.

— E o trabalho de superação de nossos padrões e crenças limitantes? — perguntei.

— Esta era a parte que pretendia comentar agora — respondeu o Professor. — Certamente é onde temos um grande trabalho a ser feito. Nossas crenças e padrões, que no fundo representam escolhas, influências, medos e modelos de outras pessoas que acabamos incorporando em nós mesmos, tanto nos dificultam e limitam pelos desequilíbrios que nos causam, como especialmente por nos fazerem dar respostas e reações condicionadas aos estímulos que o tempo todo recebemos. Em função disso, dificultam as respostas novas e criativas que são as que nos permitem tomar consciência de algo relacionado ao nosso próprio potencial. Este é um trabalho que irá requerer um tempo e dedicação e que poderá ser muito facilitado pelo desenvolvimento da capacidade de observação e aceitação, como vimos antes. Podemos exercitar isso percebendo e anotando os tipos de reações que sentimos diante de determinadas situações, experiências e acontecimentos de nosso cotidiano. Elas poderão mostrar-nos as respostas e os padrões condicionados existentes em nós e que são deflagrados de forma automática. Por esse mecanismo de observação, juntamente com a capacidade de presença, aprenderemos a interferir e evitar que as respostas habituais sejam as que predominem. Com o tempo, estaremos modificando as redes neurais associadas a elas, substituindo-as pelas novas possibilidades de respostas que passaremos a dar, que criarão novos circuitos em nosso cérebro. Da mesma forma poderemos também em alguns pequenos momentos durante o dia, dez ou quinze minutos de cada vez, procurar observar tudo o que acontece ao nosso redor, evitando durante este tempo responder ou agir de forma imediata a alguma situação ou estímulo e, mesmo que seja algo mais forte ou demandante, procurar aceitá-lo sem perder o centro e a capacidade de presença. Evidentemente não são mudanças ou pontos simples de serem alcançados nem de resultados imediatos, mas o contínuo exercício certamente produzirá as mudanças que queremos alcançar. Também poderá ser necessário contarmos com o apoio de terapeutas, dependendo da situação de cada um e do nível e dos efeitos de nossos condicionamentos e traumas, que atuarão como nossos parteiros neste caminho de renascimento em consciência.

— Todo esse processo — continuou o Professor —, poderá ser facilitado se pudermos também participar de alguns seminários ou de grupos relacionados a uma visão mais ampla, holística, espiritual ou iniciática sobre o processo da vida. Da mesma forma também pela leitura de alguns livros ou textos sobre esses temas, especialmente aqueles que abordam uma visão quântica do universo e da vida.

— Ficou claro? — perguntou o Professor.

— Perfeitamente — respondeu Joana.

— Mas se for necessário complementar algum ponto poderemos conversar quando retornarmos da palestra ou amanhã de manhã, antes de vocês partirem.

Fizemos nossa última prática de hatha-yoga com o Professor, muito atentos e com um cuidado maior na execução das posturas. Ao terminarmos, ficamos conversando um pouco na varanda antes de entrarmos para o almoço.

Como era nosso último almoço, Dona Marta procurou esmerar-se bastante. A mesa já estava toda arrumada quando entramos, com uma louça e talheres que não havíamos utilizado antes. Talvez os tivesse reservado para esta refeição. A comida também já estava toda colocada na mesa. Tudo muito bem organizado e enfeitado. Até o Professor que já estava mais acostumado ao modo como ela fazia as coisas elogiou dona Marta. Tinha feito um strogonoff vegetariano, com glúten e ricota defumada, uma salada de alface, tomate, cenoura ralada bem fininha e rúcula, enfeitada com ovos cozidos cortados em rodelas, e também arroz integral, farofa e batata cozida ligeiramente passada na manteiga. E de sobremesa, como sabia que gostávamos muito, havia feito um manjar branco com calda de ameixas. Tudo estava realmente maravilhoso. E eu que pensei que comida vegetariana fossem legumes cozidos com arroz branco e talvez um pouco de feijão preto. Comemos com muita calma, apreciando e desfrutando de cada prato e sabor.

Quando terminamos, sentamo-nos na varanda tomando chá e apreciando a paisagem. Depois de algum tempo o Professor disse-nos que iria repousar um pouco antes de sairmos para a palestra. Queria estar descansado para poder apresentar-se bem. Resolvemos fazer o mesmo também.

Saímos mais ou menos às quatro horas. Estava uma tarde bem agradável e não muito fria. A palestra do Professor estava marcada para as dezoito horas, e como iríamos levar, segundo ele, cerca de uma hora para chegarmos havia tempo de sobra. O Professor dirigia devagar, o que nos permitia apreciar melhor a paisagem por onde passávamos. Tivemos tempo inclusive de parar um pouco num mirante próximo à estrada para visualizarmos toda a região. Ao chegarmos, fomos diretamente para o local da apresentação. Era um antigo cinema transformado em centro cultural da cidade onde eram realizadas diferentes atividades, apresentações e encontros. Quando entramos, vimos que estava sendo realizada a palestra que antecedia a do

Professor. O auditório era bem grande e estava praticamente lotado. O apresentador falava sentado numa grande mesa preparada e decorada especialmente para o evento. Tinha uma voz um pouco monótona em minha opinião e seguidamente lia algumas anotações numa folha de papel à sua frente. Notava-se uma inquietação no ar, pois as pessoas se mexiam muito e algumas estavam conversando baixinho entre si, mas parece que ele não percebia muito isto. E seguia falando. Estávamos em pé no fundo do auditório quando fomos avistados por uma das organizadoras. De longe cumprimentou o Professor acenando para ele com um entusiasmo. Fez um sinal para que nos dirigíssemos para um lugar ao lado do auditório. E foi o que fizemos. Quando lá chegamos, fomos recebidos pelo grupo organizador. Cumprimentaram efusivamente o Professor. Ele teve de distribuir abraços e apertos de mãos a todos. Enquanto conversava, certamente vendo detalhes sobre sua palestra, ficamos trocando idéias, Joana e eu, com um casal responsável pela divulgação e promoção do evento. Mostraram muito interesse no material que iríamos preparar sobre as entrevistas com o Professor. Percebemos que a palestra havia terminado pelo número de pessoas que passaram a caminhar pelos corredores onde estávamos. Como haveria um intervalo entre essa palestra e a do Professor, procuramos entrar para nos sentarmos num lugar mais próximo do auditório. Aos poucos as pessoas foram voltando, lotando novamente o lugar. Percebi nitidamente que havia bem mais participantes que antes. Depois soubemos pelo próprio Professor que muitas pessoas dos grupos que ele conduzia tinham vindo para assistir sua palestra. O Professor subiu calmamente no palco, sentando-se à mesa. Foi apresentado a todos por meio da leitura de um pequeno currículo de sua vida e atividades, como era o costume neste tipo de eventos. Quando a apresentação terminou, o Professor ficou um tempo sentado apenas observando as pessoas, sem dizer ou fazer nada. Fez-se um grande silêncio. Possivelmente estavam na expectativa do que ele faria ou do que aconteceria. Lentamente tomou o microfone em sua mão e, levantando-se, dirigiu-se para a parte da frente do palco começando a falar. O que ele dizia vinha de sua própria experiência. Percebia-se que colocava sua alma no que falava, o que certamente criou uma dinâmica e uma energia muito especiais que mobilizou a todos. Ao final sentou-se novamente à mesa para responder, conforme anteriormente anunciado, às perguntas dos participantes. Havia várias pessoas com as mãos levantadas e os organizadores avisaram que talvez não fosse possível responder a todas as perguntas, embora como a palestra do Professor fosse a última, o tempo pudesse ser estendido um pouco. Procuramos colocar nossa atenção nas perguntas para selecionarmos aquelas mais relacionadas ao nosso trabalho. Elas eram escritas em pequenos cartões que eram recolhidos e passados a uma pessoa que as organizava, eliminando as perguntas parecidas e reunindo-as mais ou menos por assunto. Eram então lidas para o Professor.

– O senhor acredita que é melhor estarmos ligados a um grupo do que fazer o trabalho de consciência sozinho?

— Em última instância — respondeu o Professor —, o trabalho de transformação em consciência é algo que essencialmente deverá ser vivido e realizado no nível pessoal, mas como requer um tempo e uma dedicação, bem como a superação de várias coisas, certamente irá facilitar muito se o vivenciarmos num grupo, juntamente com outros que também pretendem seguir esse mesmo caminho. Se estivermos sozinhos, é muito mais provável que desanimemos ou que tenhamos a necessidade de orientações e esclarecimentos sem ter a quem recorrer para poder obtê-los. Fazendo parte de um grupo, a dinâmica e a motivação poderão ser muito maiores, bem como a possibilidade de poder perceber e superar nossos próprios limites em função dos relacionamentos e contatos que estabeleceremos. E, independentemente de tudo isso que coloquei, estamos num momento em que é muito importante estarmos juntos para buscarmos soluções para necessidades e problemas comuns a vários outros.

— Já participo de um grupo de trabalho espiritual e utilizo algumas das técnicas que foram apresentadas aqui. Mas não fiquei muito convencido da realização de um trabalho de superação das crenças que possuímos.
— Muitas pessoas também pensam assim. Da mesma forma como precisamos alimentar-nos e ingerir diferentes tipos de nutrientes, necessitamos, no que se refere ao nosso processo de desenvolvimento em consciência, realizar também um trabalho que atue em todos os níveis de nossa natureza hu-

mana. E isto se refere tanto àquilo que irá favorecer o desenvolvimento do nível e da qualidade energéticos necessários à conexão com nosso ser verdadeiro, como à superação de tudo aquilo que possa prejudicar ou dificultar essa conexão. Muitas das crenças que adquirimos ao longo de nossa vida atuam como fatores limitantes, basicamente porque nos impelem a responder aos estímulos que recebemos a todo instante de maneiras repetitivas e padronizadas, o que prejudica em muito as respostas novas e criativas e a expressão e conscientização do potencial presente em nós mesmos.

— Em vários lugares que freqüento tenho ouvido várias coisas relacionadas à necessidade de uma pessoa atuar como um mestre, orientando-nos em nosso processo de consciência, e gostaria de ouvir sua opinião sobre isso.

— Há uma frase bem antiga relacionada ao caminho espiritual que diz que ninguém é seu amigo, ninguém é seu inimigo, todos são seus instrutores. Eu diria que todos necessitam do apoio e da orientação de pessoas mais experientes e mais conscientes que já passaram e viveram pontos e aspectos relacionados ao momento e ao trabalho atual que estamos realizando. Isto não somente no processo e caminho da consciência, mas em qualquer outro. Ninguém vive de modo independente, pois todos necessitamos uns dos outros. Tudo o que adquirimos, tudo o que aprendemos ou descobrimos, sempre esteve relacionado a algo que outro ser humano realizou ou conseguiu antes que nós. Só nos foi possível nascer e viver neste mundo porque outras pessoas nos cuidaram, amaram, protegeram e nos orientaram, conduzindo-nos até o ponto em que passamos a ter condições de caminhar por nós mesmos. Por que isto seria diferente no caminho da consciência? Efetivamente tivemos e temos vários seres humanos que atuaram e atuam como mestres e orientadores em relação a nós, e precisamos ser agradecidos a eles, pois foi em função de seu apoio e presença que chegamos até onde estamos hoje. Em cada fase de nosso desenvolvimento precisaremos de diferentes respostas, esclarecimentos e orientações, pois o que nos serviu durante uma etapa poderá não nos servir mais numa outra. Mas só iremos encontrar novos mentores ou novas orientações quando efetivamente tivermos outras necessidades, o que significa que somente quando elas se modificarem em função de um novo nível de consciência é que criaremos as condições para que um novo encontro seja possível. Da mesma forma como citei antes, existe outra afirmação também relacionada ao caminho espiritual e iniciático que diz que, quando um discípulo está pronto, seu mestre aparece. Não adiantaria encontrarmos alguém muito preparado e capaz em termos de consciência se nós mesmos não pudermos receber e entender aquilo que nos for dito e transmitido. Somente quando estamos preparados é que um dado simples ou um conhecimento qualquer poderão converter-se numa efetiva informação, pois o sentido e o significado que podemos atribuir dependem obviamente de cada um. Por isso mesmo o que pode fazer com que identifiquemos alguém como aquele que poderá trazer-nos novas respostas é a nossa própria capacidade de perceber isso. Uma pessoa transmitindo uma mesma opinião ou dando uma orientação a várias outras poderá com toda a certeza provocar níveis distintos de compreensão e entendimento. Em determinados momentos, que eu poderia chamar de pontos-chaves, marcantes ou decisivos em nosso processo de consciência, a orientação de uma pessoa que atue como um mestre pessoal certamente será muito importante e, em alguns casos, até mesmo decisiva em função das novas possibilidades que poderemos perceber e viver, e pelo apoio que nos poderá proporcionar. Como já andou e trilhou por este mesmo caminho, adquiriu uma experiência e sabedoria que pode ser partilhada conosco, embora sempre nos caiba a escolha das próprias opções, bem como a responsabilidade pelos resultados que forem produzidos. De uma forma ou de outra aprenderemos, mesmo que em alguns momentos acabemos optando por caminhos mais difíceis, mais árduos ou mais longos.

– Participei de alguns grupos espirituais e tive a oportunidade de ouvir e de receber orientações de diferentes pessoas, mas algumas vezes não me senti seguro sobre o nível e a capacidade de algumas delas poderem atuar como orientadores. Como podemos perceber se efetivamente elas têm essa qualidade e capacidade?
– Uma resposta a esta pergunta não é tão simples, pois envolve vários aspectos e fatores. Com toda a certeza uma pessoa poderá enganar e iludir pessoas durante algum tempo, mas

não conseguirá fazer isso com muitas outras durante um tempo maior. Mas como forma de poder facilitar essa percepção, acredito que é possível identificar algumas características que poderão servir como balizadores em relação ao trabalho e à atitude de possíveis mentores. Uma das primeiras coisas que poderemos perceber para identificar a qualidade do que transmitem, bem como delas mesmas, é observar sua própria congruência, sua própria capacidade de agir e de viver de acordo com aquilo que elas mesmas transmitem e apregoam. Sabemos que um mentor ou mestre verdadeiro sempre estará atuando e trabalhando para que as pessoas possam saber tanto ou mais do que ele mesmo e possam alcançar um nível além do que ele mesmo alcançou, pois se assim não fosse o processo da vida e da consciência acabaria entrando numa espiral decrescente. Isto significa que ele não sonega informações ou conhecimentos numa tentativa de criar uma auto-importância, o que faria com que seus discípulos e orientados ficassem mal preparados e mal informados, e com menos capacidade de poder viver seu próprio processo. É importante observar também se existe uma necessidade de atenções ou de favores especiais, que não ocorram de forma natural e espontânea e como conseqüência do próprio respeito e qualidade que inspiram. De um mentor verdadeiro, esperamos não somente conhecimentos, mas sim uma sabedoria e compreensão, que só poderá ser alcançada como resultado de sua própria vivência, já que saber algo apenas no sentido mental não nos proporciona essa sabedoria. Por isso um caminho de consciência requer uma constante integração dos conceitos e fundamentos com sua prática e aplicação, o que deve acontecer continuamente em nosso cotidiano. Também não devemos esquecer que estão trilhando o mesmo caminho de consciência que os demais e lidando com as mesmas necessidades e dificuldades que outros enfrentam, apenas em outro estágio. Mas temos de considerar também o nível de exigência e de crítica que algumas pessoas têm. No fundo de si mesmas, consideram-se muito especiais e, por isso mesmo, exigem um nível de perfeição em relação àqueles que poderiam atuar como seus mentores, o que dificilmente poderá ser encontrado num ser humano. Ao menor sinal de uma aparente falha ou dificuldade, que muitas vezes são ampliadas por suas próprias necessidades, distorções e expectativas, logo consideram incapaz o trabalho, as colocações e até mesmo a pessoa a quem estavam concedendo a honra de serem seus orientadores. De certa forma estão fadadas a frustrações e decepções constantes, pulando de um grupo para outro numa busca e expectativa que talvez nunca se satisfaçam, pois estão querendo encontrar um grau de perfeição onde ela não poderá nunca ser encontrada. Possivelmente continuarão nesse processo até que elas mesmas percebam esta tendência em suas naturezas e tenham a humildade de reconhecer isso.

– Que qualidades o senhor considera como importantes no caminho da consciência?

– Poderíamos com toda a certeza enumerar várias qualidades e atitudes que são importantes neste caminho e processo, mas certamente poderemos destacar algumas delas. Acredito que a capacidade da disciplina é muito importante. Por disciplina quero dizer a qualidade de determinar para si mesmo que alguma coisa é importante de ser feita e ter efetivamente a disposição, a determinação e a vontade de poder realizá-la. No caminho da consciência de si mesmo certamente teremos de experimentar algumas técnicas e exercícios, bem como trabalhar a superação e modificação de algumas crenças e atitudes. Todas elas precisarão de um tempo de realização para que determinadas mudanças e resultados possam ser alcançados, e por isso necessitamos manter uma disciplina. Associaria a ela a qualidade da persistência que poderia também chamar de dedicação. Não iremos conseguir grandes coisas em nossa vida se não pudermos dedicar-nos efetivamente a elas. Em todas as realizações que já alcançamos na vida, se observarmos com mais cuidado, perceberemos que esta capacidade sempre esteve presente. Talvez tenha sido a graduação numa faculdade, o aprendizado de um instrumento musical ou de uma determinada arte ou ofício, a construção e vivência de um relacionamento ou a criação de uma empresa. Durante o tempo em que as vivemos, passamos por altos e baixos, por momentos de muita energia e outros de uma prostração e inércia maiores, mas independentemente de todos esses aspectos alcançamos o que queríamos. Com toda a sinceridade e certamente sem querer desvalorizar nenhuma dessas conquistas, que realização maior poderá acontecer em nossa vida que não seja nosso próprio processo de consciência? Obviamente, e é preciso que isso fique bem claro, nossa grande escola de iniciação e consciência de nós mesmos é a nossa própria vida, com todas as suas realizações, conflitos, correrias, aproximações e separações, encontros, desencontros, frustrações e alegrias. Os métodos, as técnicas e os modelos que seguimos ou que poderemos vir a seguir são os instrumentos para facilitar a vivência de todas essas experiências. Permitirão que alcancemos um desenvolvimento adequado de nossa energia e um equilíbrio cada vez maior nos níveis básicos de nossa natureza humana, para desenvolvermos uma efetiva capacidade de atenção e presença necessária à conexão com nosso ser verdadeiro e à conseqüente expressão do nosso potencial.

Fez-se um grande silêncio quando o Professor terminou de falar. Havia colocado uma ênfase e uma força muito grande no que havia dito, e por isso mesmo foi grande o impacto produzido. Alguns instantes se passaram até que a voz da pessoa que lia as perguntas interrompeu o silêncio, colocando uma nova pergunta e avisando que seria a última que o Professor responderia.

— Escutei com muita atenção tudo o que nos foi colocado e até percebi em mim mesmo uma motivação com um trabalho como este que o senhor apresentou. Posso até dizer que já tentei fazer isso algumas vezes, mas me senti e ainda me sinto muito desanimado e descrente com relação a tudo o que vejo no mundo hoje. Tenho uma grande dificuldade, talvez por isso mesmo, em assumir minha própria vida, quanto mais em pensar em realizar um trabalho que irá exigir tanto de mim. Será que vai valer a pena?

O Professor ouviu atentamente a pergunta que havia sido lida para todos. Era quase uma confissão e um pedido de socorro de alguém em relação à própria vida. Certamente era algo que poderia também estar sendo sentido tanto por outras pessoas neste lugar como em muitos outros. Olhou para todos com uma atenção muito especial, talvez buscando sentir e identificar dentre tantos rostos e expressões voltadas em sua direção aquele cuja alma se abria e se expressava assim.

– Entendo muito bem o que foi colocado – começou dizendo o Professor. – E é muito importante que tenha tido a sinceridade de poder abrir-se assim. Este mundo em que vivemos, conforme falei ainda há pouco, é um mundo de polaridades, que podem com toda a certeza produzir conflitos, inseguranças e diversos medos. E se não pudermos compreender o sentido desta constante dualidade, presente e imanente em todos os processos e experiências da vida, e especialmente se não formos capazes de aprender a lidar com ela, com toda a certeza teremos muitas dificuldades em viver aqui e de realizarmos nossa magna obra pessoal como seres humanos. Nestes tempos atuais, parece que todos esses conflitos aumentaram e se exacerbaram em um nível muito grande, chegando quase ao nível do absurdo em função de todos os acontecimentos, mudanças e pressões a que estamos sendo submetidos. Aparentemente estamos diante de um caos total, mas posso dizer a vocês com muita convicção do que estou falando que por detrás deste caos uma nova ordem está realmente surgindo. Sua manifestação e expressão ainda são meios insipientes e ocorrem aqui e ali, mas os sinais que vêm revelando-se, especialmente quando estamos mais atentos para poder observá-los, são realmente muito expressivos. Muitos seres humanos em vários lugares e partes do mundo estão realizando e contribuindo para essa nova ordem e qualidade efetiva de viver, por meio de sua própria vida e pela categoria e dedicação com que a estão vivendo. Isto é uma forma de um efetivo serviço e até mesmo de uma consagração, embora, com toda a certeza e relativamente falando, ainda seja um número pequeno em termos da população de todo o planeta. Mas da mesma forma que na fabricação de pães não precisamos nem utilizamos a mesma quantidade de fermento que a de farinha para que toda a massa possa ser fermentada e crescer, também não precisaremos que todos vivam neste momento seus processos de consciência para que efetivas mudanças possam realmente ocorrer. E devemos começar a vivenciar isso por meio de nossa própria vida, independentemente do caos que poderemos estar percebendo ou pressentindo à nossa volta, sem ficar esperando que alguém, seja quem for, venha consertar as coisas para nós. Nestes instantes em que aparentemente um limite foi alcançado e tudo pode estar sem muito sentido, é quando o que podemos chamar de graça divina talvez possa manifestar-se, o que certamente acontecerá sob forma de oportunidades de podermos compreender o que estamos realmente fazendo aqui. E em vez de nos desesperarmos e querermos abandonar a nave ou buscarmos compensações passageiras de todos os tipos apenas para tentar aliviar o fardo que estamos levando, o que possivelmente receberemos serão os meios de podermos começar a buscar o sentido e o significado que não estávamos vendo ou encontrando antes. E tudo isso que estou colocando acontecerá aqui mesmo, no meio de todos, ao mesmo tempo em que trabalhamos e cuidamos da própria sobrevivência humana, mas sem deixar de lado ou adiando para um futuro nosso próprio processo de consciência. O que posso ainda falar para responder mais diretamente a essa pergunta tanto para quem a fez como para qualquer outro é que você não se isole. Mesmo diante desta descrença e apesar de tudo o que está sendo visto ou sentido. A vida de cada um de nós é única e não repetível, e o que você não fizer não haverá outro que lhe venha substituir ou que faça sua parte em seu lugar. Qualquer mudança num âmbito maior é feita pelo somatório de uma série de pequenas mudanças. Se todos pensassem que sua parte é insignificante e a deixassem de lado, nenhuma transformação acabaria acontecendo. Busque um grupo para poder retomar seu processo de consciência, mas não espere dele nem das pessoas que encontrar uma coerência total, pois todos somos seres humanos vivendo seus caminho e lidando também com seus conflitos e realizações. Quero encerrar tanto esta pergunta como nossa apresentação de hoje colocando para vocês que estamos aqui neste mundo para vivermos este processo de consciência. Não desistam nem se entreguem totalmente, porque vale realmente a pena poder vivê-lo!

Assim que terminou de falar isso, o Professor levantou-se no que foi acompanhado por todos os participantes que o aplaudiram. Agradeceu várias vezes, acenando com a mão e curvando-se ligeiramente, e quando todos começaram a se movimentar para deixarem o auditório, desceu do palco sendo cumprimentado por várias pessoas que o rodearam. Levou algum tempo para que pudesse terminar de falar e de dar atenção a todos que se acercaram dele. Lentamente foi andando em direção à saída do auditório onde as pessoas da organização do evento o esperavam. Entre abraços, sorrisos e manifestações de agrado e respeito, nós nos despedimos de todos e caminhamos até o estacionamento na direção do carro do Professor. Passava um pouco das oito e meia quando começamos o caminho de volta. Foi uma viagem tranqüila em que aproveitamos para comentar algumas das perguntas que foram feitas. O Professor estava sereno e com uma expressão de satisfação em seu rosto.

Chegamos de volta ao chalé por volta das dez horas. Dona Marta nos aguardava com uma sopa bem quente, que caiu como uma luva, tanto pela fome que todos tínhamos como pelo tempo mais frio que fazia. Comemos bem devagar e, ao terminar, combinamos rapidamente o que faríamos amanhã e fomos nos deitar, pois nos sentíamos cansados em função de toda a programação que havíamos feito, especialmente o próprio Professor que, além de tudo, tinha dado também a palestra.

Tomei um banho ao chegar ao meu quarto e, como ainda estava um pouco agitado, aproveitei para organizar algumas das minhas roupas, pois no dia seguinte teríamos de preparar tudo para o nosso caminho de retorno. Deitei e passei um tempo revendo alguns momentos do dia de hoje e adormeci envolvido em vários sentimentos que iam do prazer de haver estado aqui estes dias, do valor de tudo o que tínhamos ouvido e recebido, como de uma saudade por ter de ir embora.

Despertei e levei alguns instantes para me situar onde efetivamente estava. Levantei-me e praticamente terminei de arrumar minha bagagem. Saí do quarto e caminhei até a varanda onde já estavam o Professor e Joana. Ali na varanda, após termos conversado uns instantes, fizemos nossa última harmonização com o Professor. Ele usou algumas músicas de flauta que não havíamos ouvido antes. Já havia amanhecido e o dia estava lindo.

Enquanto Joana e o Professor entravam para o desjejum, fiquei um pouco olhando a paisagem que tantas vezes havia apreciado nestes dias. Os pássaros pareciam mais ativos e alegres do que nunca. Caminhei também pelo jardim observando tudo ao meu redor, agradecendo internamente por todas as coisas que havia vivido neste lugar tão especial, que certamente representou muito mais do que uma entrevista para coletar material para uma futura elaboração de um texto e preparação de uma matéria. Claramente percebia que minha vida não seria mais a mesma a partir de agora, e afirmei para mim mesmo que iria aproveitar os próximos dias e toda esta energia ainda presente para refletir muito sobre tudo o que queria modificar e sobre o que poderia realmente começar a viver, praticar e fazer. Joana me acenou da varanda e caminhei de volta até o chalé. Foi um desjejum maravilhoso, com tudo o que havia de melhor e que tínhamos saboreado nestes dias. Tive de me conter para não exagerar e comer demais, embora tenha sido mais ou menos isto o que acabei fazendo. Via o prazer que dona Marta sentia em nos tratar assim, mas percebi também certa tristeza em seu rosto, certamente pela nossa partida. Quando terminamos, ficamos ainda sentados conversando e desfrutando da troca que podíamos estabelecer. Afinal de contas era nossa última refeição aqui.

– Foi uma experiência e uma oportunidade muito especiais e importantes para nós – colocou Joana, no que foi totalmente referendada por mim.

– Pois vocês podem acreditar – falou o Professor – que também posso dizer o mesmo. – Embora em muitos momentos tenha tido a oportunidade de viver experiências assim nos grupos que coordeno, foi a primeira vez que associei uma vivência a uma apresentação tão ampla dos conceitos relacionados ao trabalho que venho realizando, como dos princípios que sigo em minha própria vida.

Apertamos nossas mãos os três ao mesmo tempo e nos levantamos indo para os quartos para terminar de arrumar nossas bagagens e equipamentos. Quando retornamos, seu Paulo veio ajudar-nos a levar e a arrumar tudo em nosso carro. Ao voltar para nos despedirmos, encontramos seu Paulo, dona Marta e o Professor aguardando-nos na varanda do chalé. Até a Jollie estava sentada ao seu lado olhando-nos de uma forma que parecia expressar o mesmo sentimento que todos sentíamos. Tinham alguns presentes para nós. Dona Marta nos deu alguns sanduíches que havia preparado e fatias de bolo de laranja, e seu Paulo alguns cachos de banana-prata e duas sacolas cheias de verduras e legumes que tinha acabado de colher na horta. Comoveu-nos muito a simplicidade e a espontaneidade deles. O Professor deu a cada um de nós um de seus livros e dois pequenos cristais de rocha que ele mesmo havia encontrado na região. Estávamos todos muito emocionados. O que aliviou um pouco foi que havíamos combinado de voltar a nos encontrarmos em duas semanas aqui mesmo no chalé, para apresentar ao Professor tanto o material que iríamos elaborar como o próprio vídeo sobre as entrevistas. Dona Marta prometeu preparar um almoço muito especial para nos receber. Caminhamos todos até o nosso carro e nos despedimos com vários acenos e sorrisos, e lentamente saímos em direção à rua principal. Assim como o Professor, eu dirigia bem lentamente. Embora não fosse uma despedida tão radical, internamente sentia saudade e nostalgia. Procurei observar os detalhes dos lugares por onde passávamos, especialmente quando entramos na estrada de acesso à cidade. Recordei de como me sentia ansioso e com algumas inquietações quando aqui chegamos para iniciar a entrevista com o Professor. Da mesma forma que na vinda, deixei o vidro um pouco aberto para poder receber e perceber os diferentes aromas dos lugares por onde íamos passando. Joana estava bem tranqüila e também observava em silêncio a paisagem da estrada à medida que íamos descendo. Sentia também a mesma nostalgia que eu, como comentou. Teríamos três dias de descanso que o nosso chefe nos havia concedido, tanto para podermos descansar um pouco, como para podermos readaptar-nos aos ritmos mais intensos da cidade e do nosso próprio tipo de trabalho. Veio à minha mente a frase que o Professor havia utilizado para encerrar ontem sua apresentação no evento, quando colocou que realmente valia a pena viver nossa vida, e com muita convicção e gratidão, pensando no trabalho e no tempo que havíamos passado aqui com ele, falei em voz alta: "Valeu realmente a pena tudo o que pudemos viver e experimentar aqui, Professor!".